Λίγα λόγια για τη συγγραφέα

Η Σωτηρία Δημοπούλου, με σπουδές στην Ιστορία και Αρχαιολογία και κάτοχος διδακτορικού τίτλου στην Κλασική Αρχαιολογία του Πανεπιστημίου του Μύνστερ, έχει πολυετή διδακτική εμπειρία στη διδασκαλία της Αρχαίας και Νεοελληνικής Γλώσσας αλλά και Λατινικών, τόσο σε τελειόφοιτους ελληνικών σχολείων στην Ελλάδα και στη Γερμανία, όσο και σε μαθήτριες και μαθητές τμημάτων της ελληνικής ως γλώσσας καταγωγής. Τα τελευταία δεκαπέντε χρόνια εργάζεται ως εκπαιδευτικός σε τμήματα της ελληνικής ως γλώσσας καταγωγής σε σχολεία της Βόρειας Ρηνανίας Βεστφαλίας. Έχει συμμετάσχει σε αρχαιολογικά συνέδρια και έχει δημοσιεύσει πολλά επιστημονικά άρθρα.

Zur Autorin

Sotiria Dimopoulou studierte Geschichte und Archäologie in Griechenland und promovierte in Klassischer Archäologie an der Universität Münster. Sie verfügt über langjährige Lehrerfahrung im Alt-, Neugriechisch Unterricht und Latein sowohl für Oberstufenschüler*innen der griechischen Schulen in Griechenland und Deutschland als auch für Schüler*innen mit Griechisch als Herkunftssprache. Seit fünfzehn Jahren ist sie als Lehrerin im Bereich Herkunftssprache in Nordrhein-Westfalen tätig. Sie hat an archäologischen Konferenzen teilgenommen und mehrere wissenschaftliche Artikel veröffentlicht.

Sotiria Dimopoulou

Griechisch als Herkunftssprache für die 9. und 10. Klasse

Themen und Übungen

Vorbereitung für die Sprachprüfung

Impressum

Bibliografische Information der Deutschen Nationalbibliothek: Die Deutsche Nationalbibliothek verzeichnet diese Publikation in der Deutschen Nationalbibliografie; detaillierte bibliografische Daten sind im Internet über dnb.dnb.de abrufbar.

Coverdesign von: Ilias Georgiadis
Satz & Layout: Ilias Georgiadis

Verlag: BoD · Books on Demand GmbH, In de Tarpen 42, 22848 Norderstedt, bod@bod.de

Druck: Libri Plureos GmbH, Friedensallee 273, 22763 Hamburg

ISBN: 978-3-7693-4047-1

Πρόλογος

Το εγχειρίδιο αυτό αποτελεί μία μακρόχρονη προσπάθεια συγγραφής θεμάτων στην ελληνική ως γλώσσα καταγωγής, με τη βελτιωμένη έκδοση της σειράς „Griechisch als Herkunftssprache" (Ελληνικά ως Γλώσσα Καταγωγής). Απευθύνεται τόσο στον εκπαιδευτικό, όσο και στις μαθήτριες και μαθητές της 9ης και 10ης τάξης του γερμανικού σχολείου, που παρακολουθούν τακτικά τα μαθήματα της ελληνικής και προετοιμάζονται για τις αντίστοιχες εξετάσεις πιστοποίησης της γλώσσας.

Συμβαδίζει με τις νέες κατευθυντήριες γραμμές για τις εξετάσεις στη γλώσσα σύμφωνα με το Υπουργείο Παιδείας της Ρηνανίας - Βεστφαλίας και θίγει θέματα σύγχρονου προβληματισμού σε 13 Ενότητες. Κάθε ενότητα περιλαμβάνει διδακτικούς στόχους, λεξιλόγιο στο θέμα προς ανάπτυξη, λεξιλογικές ασκήσεις, ασκήσεις αυτενέργειας και δημιουργικής σκέψης, αλλά και θέματα για συζήτηση. Τέλος, στις περισσότερες ενότητες προσφέρεται και ένα θέμα για παραγωγή λόγου. Σε ορισμένα θέματα, αντί παραγωγής λόγου, υπάρχουν ανάλογες εργασίες ανάπτυξης και ανάλυσης ιδεών.

Στο σημείο αυτό πρέπει να αναφερθεί ότι η γλώσσα που χρησιμοποιήθηκε στα κείμενα προς επεξεργασία, αλλά και στις συνοδευτικές ασκήσεις, δεν ανταποκρίνεται πλήρως στο γλωσσικό επίπεδο του μαθητή, με αποτέλεσμα να προκύπτουν εύλογες δυσκολίες. Εδώ, η θέση του εκπαιδευτικού κρίνεται καθοριστική, ώστε να γίνει κατανοητό σε γενικές γραμμές το κείμενο και να εντοπιστούν οι κεντρικές ιδέες. Στόχος επίσης είναι ο εμπλουτισμός του λεξιλογίου μέσα από έννοιες και άγνωστες λέξεις.

Επίσης, έγινε προσπάθεια ανάλυσης σύγχρονων θεμάτων που συμβαδίζουν με το πνεύμα της εποχής και σε κάποιες ενότητες ενσωματώθηκαν περισσότερες υποενότητες για ανάπτυξη και προβληματισμό.

Τέλος, το εγχειρίδιο αυτό στοχεύει να συμπληρώσει την ύλη των δύο τελευταίων τάξεων με αντίστοιχη θεματολογία. Τις ευχαριστίες μου για την ελεύθερη χρήση εικόνων με αναφορά στον εκάστοτε φωτογράφο ή φορέα, οφείλω στην www.pexels.com, αλλά και στο σύζυγό μου Ηλία Γεωργιάδη για την επεξεργασία του εξωφύλλου και των εικόνων. Με την ελπίδα το εγχειρίδιο αυτό να ανταποκρίνεται στις διδακτικές και μαθητικές προσδοκίες, σας εύχομαι καλή μελέτη.

Η συγγραφέας

Σωτηρία Δημοπούλου

Περιεχόμενα

Έκθεση – Έκφραση

Α. Τρόπος σύνταξης ενός κειμένου

1. Πρόλογος

Ο πρόλογος αποτελεί πολύ βασικό στοιχείο στη γραφή μιας έκθεσης, αφού κατατοπίζει τον αναγνώστη – εξεταστή για το θέμα και εντοπίζει τις κεντρικές ιδέες που θα ακολουθήσουν. Ενδεικτικά παραθέτονται κάποια είδη προλόγων, ώστε ο μαθητής να μπορεί σε οποιοδήποτε θέμα να αρχίσει την έκθεση χωρίς ιδιαίτερο πρόβλημα.

α. Γενική διαπίστωση

Στη γενική διαπίστωση παρουσιάζουμε το φαινόμενο – κοινωνικό πρόβλημα ως δεδομένο και ως κάτι που υπάρχει. Ας πάρουμε παράδειγμα το θέμα ρατσισμός – διαφορετικότητα:

Είναι δεδομένο / είναι γενικά παραδεκτό / είναι γνωστό ότι παρατηρούνται ρατσιστικές συμπεριφορές στην κοινωνία μας. Έτσι, διακρίνουμε τέτοιες συμπεριφορές με βάση την εθνικότητα, το φύλο, το επάγγελμα, την κοινωνική θέση, την εξωτερική εμφάνιση, κλπ.

β. Ορισμός

Ορισμός είναι η λεπτομερής ανάλυση του όρου, εάν και εφόσον υπάρχει. Προσοχή! Δε γράφουμε ποτέ ορισμό, αν δεν τον γνωρίζουμε. Υπάρχει κίνδυνος να ξεφύγουμε από το ζητούμενο. Ακολουθεί ο πρόλογος με θέμα το ρατσισμό:

Με τον όρο ρατσισμός, εννοούμε τη διάκριση μεταξύ λαών και ανθρώπων με βάση την εθνικότητα, το φύλο, το επάγγελμα, την κοινωνική θέση, την εξωτερική εμφάνιση, κλπ.

γ. Παραδείγματα

Στο συγκεκριμένο είδος προλόγου παραθέτουμε παραδείγματα, για να αποδείξουμε πως το φαινόμενο ισχύει. Τα παραδείγματα θα πρέπει να είναι αληθινά και όχι φανταστικά, ώστε να δείξουμε ότι κατέχουμε το θέμα:

Ο ρατσισμός αποτελεί ένα κοινωνικό φαινόμενο που παρατηρείται σε όλους τους τομείς της ζωής μας. Έτσι, συνηθίζουμε να διακρίνουμε τους ανθρώπους σε ανώτερους και κατώτερους με βάση την καταγωγή τους (π.χ. Αμερικανός – Αφρικανός), ή με βάση το επάγγελμα (π.χ. οδοκαθαριστής – δικηγόρος).

δ. Ιστορική αναδρομή

Στην ιστορική αναδρομή αναφερόμαστε σε γεγονότα του παρελθόντος, συνήθως ιστορικά:

Ο ρατσισμός ως κοινωνικό φαινόμενο παρατηρείται από τους αρχαίους μέχρι τους νεότερους ιστορικούς χρόνους. Η διάκριση μεταξύ Ελλήνων και βαρβάρων στην αρχαιότητα συνδεόταν με τη γλώσσα. Κάποιος που μιλούσε την ελληνική, θεωρούνταν ένας μορφωμένος άνθρωπος. Το ολοκαύτωμα των Εβραίων στο Β΄ Παγκόσμιο Πόλεμο αποτελεί επίσης τη μεγαλύτερη ρατσιστική αντιμετώπιση του ανθρώπινου γένους.

Άσκηση εμπέδωσης:

Να αναπτύξετε όλα τα παραπάνω είδη προλόγων σε θέματα που θα σας υποδείξει η/ο εκπαιδευτικός σας. Στη συνέχεια να διαβάσετε μέσα στην τάξη την εργασία σας, με σκοπό να παρατηρήσουν οι μαθήτριες και μαθητές το είδος του προλόγου, αλλά και να διατυπώσουν τη γνώμη τους.

2. Κυρίως θέμα

Αιτίες, συνέπειες, λύσεις

Στο κυρίως θέμα πρέπει ο μαθητής να αναπτύξει πιο αναλυτικά τα επιμέρους ερωτήματα που υπάρχουν στο ζητούμενο. Πολύ συχνά πρέπει να εντοπίζει τις αιτίες στις οποίες οφείλεται ένα πρόβλημα, τις συνέπειες, αλλά και να προτείνει λύσεις στην αντιμετώπιση ή στον περιορισμό ενός φαινομένου. Για να μπορούμε, επομένως, χωρίς δυσκολία να εντοπίζουμε αιτίες που προκαλούν ένα πρόβλημα, οι οποίες ταυτόχρονα είναι και λύσεις, ας ρίξουμε μια ματιά στα παρακάτω:

α. Οικογένεια

Η οικογένεια αποτελεί τον πρώτο και σημαντικότερο παράγοντα, ο οποίος όχι μόνο ευθύνεται για μία προβληματική κατάσταση, αλλά και δίνει λύση σε αυτήν. Έτσι, μπορεί στην ανάπτυξη ενός θέματος να χρησιμοποιηθεί και ως αιτία και ως λύση. Ας κάνουμε ένα παράδειγμα με ανάπτυξη αιτίας και λύσης με θέμα το ρατσισμό:

<u>Αιτία</u>

Σημαντικός παράγοντας μετάδοσης ρατσιστικών αντιλήψεων και ιδεών αποτελεί η οικογένεια. Εφόσον η οικογένεια θεωρείται ο βασικός πυρήνας ανατροφής του ατόμου, είναι λογικό να το επηρεάζει στη διαμόρφωση της προσωπικότητάς του και να του διαπερνά κάποιες προκαταλήψεις. **Έτσι**, εάν έχει συνηθίσει κάποιος από μικρή ηλικία να συμμετέχει σε οικογενειακές συζητήσεις που ενισχύουν το φανατισμό και το μίσος απέναντι σε συγκεκριμένες ομάδες ανθρώπων ή έθνη και λαούς, τότε είναι φυσικό να επηρεάζεται και να υποστηρίζει ανάλογες θέσεις. **Επομένως**, αντιλαμβάνεται κανείς το ρόλο που διαδραματίζει η οικογένεια στη διαμόρφωση της σκέψης και των αντιλήψεων ενός μέλους της. Μέσω αυτών των αντιλήψεων μεγαλώνει το άτομο με ρατσιστικές απόψεις και αντιμετωπίζει με τον ίδιο τρόπο συγκεκριμένες κοινωνικές και όχι μόνο ομάδες.

Λύση

Στον περιορισμό της αναπαραγωγής προκαταλήψεων και ρατσιστικών ιδεών πολύ σημαντικό ρόλο παίζει η οικογένεια. Όταν το άτομο μεγαλώνει σε ένα υγιές οικογενειακό περιβάλλον, στο οποίο επικρατεί διάλογος ανάμεσα στα μέλη του και σεβασμός στις διαφορετικές απόψεις, τότε είναι επόμενο να διαμορφώσουν τα μέλη του ανάλογη προσωπικότητα. Όταν μέσα στην οικογένεια μεταφέρονται δημοκρατικές ιδέες, είναι σχεδόν βέβαιο ότι μεγαλώνοντας θα έχουν τα μέλη της την ανάλογη συμπεριφορά στην κοινωνία. **Άρα**, καταλαβαίνουμε πόσο σπουδαίο είναι για κάποιον να μεγαλώνει σε ένα τέτοιο περιβάλλον και να δέχεται σε μικρή ηλικία ανάλογα ερεθίσματα.

β. Παιδεία – Εκπαίδευση

Η παιδεία ενός ανθρώπου, μέσα στην οποία συμπεριλαμβάνεται και το εκπαιδευτικό σύστημα – σχολείο, επιδρά τόσο θετικά όσο και αρνητικά στο άτομο. Ο ίδιος παράγοντας δίνει και λύση σε ένα πρόβλημα. Παιδεία βέβαια είναι και η κοινωνική συμπεριφορά γενικότερα.

γ. Κοινωνικός περίγυρος – φίλοι

Ο κοινωνικός περίγυρος αποτελείται είτε από συγγενικά μας πρόσωπα, είτε από τις παρέες, αλλά και το εργασιακό μας περιβάλλον. Ιδιαίτερα οι παρέες επηρεάζουν τους νέους σε πολλά ζητήματα. Ισχύει βέβαια και το αντίθετο, εφόσον συμβάλλουν και θετικά στη διαμόρφωση της προσωπικότητας.

δ. Κοινωνία

Στον όρο κοινωνία συμπεριλαμβάνεται η κοινωνικοποίηση του ανθρώπου μετά το σχολείο, η εργασία και το επάγγελμα που ασκεί, τα εξωτερικά ερεθίσματα που λαμβάνει, κλπ. Σημαντικό ρόλο παίζει η κοινωνία στην οποία μεγαλώνει κάποιος. Δεν είναι δηλαδή το ίδιο να μεγαλώνεις στη Νέα Υόρκη ή στη Μυτιλήνη. Διαφορετικά ζει κάποιος σε μία μεγαλούπολη και διαφορετικά σε ένα χωριό ή νησί. Επίσης, αλλιώς είναι να μεγαλώνει κάποιος σε μία προοδευτική και αλλιώς σε μία συντηρητική κοινωνία. Με αυτό τον τρόπο οι κοινωνίες επηρεάζουν, αλλά και δίνουν λύσεις σε ένα φαινόμενο ή πρόβλημα.

ε. ΜΜΕ (Μέσα μαζικής ενημέρωσης και μέσα κοινωνικής δικτύωσης)

Με τα μέσα μαζικής ενημέρωσης εννοούμε φυσικά το διαδίκτυο, την τηλεόραση, το ραδιόφωνο, τα περιοδικά και τις εφημερίδες. Στα μέσα κοινωνικής δικτύωσης συμπεριλαμβάνονται όλες οι πλατφόρμες επικοινωνίας (Facebook, Instagram, tiktok, Twitter, whatsApp, viber, κλπ). Όλα τα παραπάνω επηρεάζουν, διαμορφώνουν γνώμες, φανατίζουν, παρασύρουν, αποπροσανατολίζουν, αλλά και εκδημοκρατίζουν, μεταφέρουν υγιείς απόψεις, ξυπνούν ενδιαφέροντα, κλπ. Ό,τι θετικό υπάρχει σε αυτά, υπάρχει και το αρνητικό. Ευθύνονται για πολλά, αλλά δίνουν και λύσεις σε πολλά.

Ασκήσεις εμπέδωσης:

1. Να χρησιμοποιήσετε δύο παράγοντες από τους παραπάνω ως αιτίες και να αναπτύξετε δύο διαφορετικές παραγράφους σε θέμα της αρεσκείας σας ή σε θέμα που θα υποδείξει η/ο εκπαιδευτικός σας. Αναλύστε τις παραγράφους όπως το παραπάνω παράδειγμα.

2. Σε δύο ξεχωριστές παραγράφους προτείνετε δύο διαφορετικές λύσεις σε ένα πρόβλημα (π.χ. μετανάστευση, οικολογική καταστροφή). Αναλύστε τις παραγράφους όπως το παραπάνω παράδειγμα.

Συνέπειες

Οι συνέπειες σε ένα πρόβλημα ή ένα κοινωνικό φαινόμενο χωρίζονται σε θετικές και αρνητικές. Οι επιπτώσεις έχουν μόνο αρνητικό περιεχόμενο. Οι συνέπειες εντοπίζονται συνήθως στα παρακάτω:

α. άτομο (ψυχικός, ηθικός, πνευματικός, κοινωνικός τομέας)

β. κοινωνία - κράτος (οικονομικός, πολιτισμικός, πνευματικός, πολιτικός, ηθικός τομέας)

Ανάλυση αρνητικής συνέπειας σχολικού εκφοβισμού:

Οι συνέπειες που παρατηρούνται στα άτομα που πέφτουν θύματα εκφοβισμού στο σχολείο είναι συνήθως επώδυνες. **Πρώτα απ' όλα** επηρεάζεται η ψυχολογία του ατόμου που συχνά εκδηλώνει καταθλιπτική συμπεριφορά. Απομονώνεται από τους γύρω του και κλείνεται στον εαυτό του, με αποτέλεσμα να μη θέλει να πηγαίνει στο σχολείο. **Εκτός από αυτό**, αποτραβιέται από τους φίλους του και προτιμά να σωπαίνει, παρά να μιλά για το πρόβλημά του, όπως συχνά επίσης εκδηλώνει βίαιη συμπεριφορά και έχει εκρήξεις θυμού. Αντιλαμβάνεται **επομένως** κάποιος, πόσο σοβαρές είναι οι επιπτώσεις του εκφοβισμού στην ψυχοσύνθεση του θύματος.

Άσκηση εμπέδωσης:

Να αναπτύξετε μία θετική και μία αρνητική συνέπεια σε δύο ξεχωριστές παραγράφους σε θέματα της αρεσκείας σας, ή σε αυτά που θα σας υποδείξει η/ο εκπαιδευτικός σας.

3. Επίλογος

Ο επίλογος αποτελεί ουσιαστικά ένα γενικό συμπέρασμα, μια γενική κρίση στο ζητούμενο σύμφωνα με όσα ανέλυσε ο μαθητής. Ακολουθούν χρήσιμες προτάσεις για αρχή ενός επιλόγου:

- σύμφωνα λοιπόν με τα παραπάνω διαπιστώνει κανείς ότι…..

- ανακεφαλαιώνοντας συμπεραίνουμε ότι…….

- συμπερασματικά κατανοούμε ότι……….

- επομένως γίνεται αντιληπτό πως……….

- το φαινόμενο - πρόβλημα που αναλύθηκε παραπάνω παρουσιάζει επομένως…….

- Από όλα τα παραπάνω γίνεται φανερό ότι…………

* Προσοχή! Προτιμότερο είναι σε μία έκθεση να χρησιμοποιούμε το γ΄ ενικό (άτομο), α΄ (εμείς) και γ΄ πληθυντικό (οι άνθρωποι, τα άτομα). Καλό είναι να αποφεύγεται το α΄ ενικό (εγώ), εκτός εάν πρόκειται για άρθρο μας σε σχολική εφημερίδα ή ομιλία σε μαθητές. Αυτό που πρέπει να γνωρίζουμε είναι ότι έτσι κι αλλιώς οι απόψεις στην έκθεση είναι δικές μας ακόμη και χωρίς τη χρήση του α΄ προσώπου. Τέλος, αποφεύγουμε να διατυπώνουμε κρίσεις με ρατσιστικό ή εθνικιστικό περιεχόμενο, που προσβάλλουν τον άνθρωπο.

Β. Χρήσιμες εκφράσεις και συνδετικές λέξεις για την Έκθεση

1. Τρόποι αρχής μιας πρότασης:

- Είναι γνωστό ότι….
- Είναι δεδομένο ότι…..
- Είναι γεγονός ότι……
- Είναι διαδεδομένη η άποψη ότι……..
- Υποστηρίζεται συχνά ότι………..
- Λέγεται συχνά ότι…………..

2. Προτάσεις για αρχή ανάλυσης αιτιών:

- καθοριστικός παράγοντας στην εξάπλωση του φαινομένου είναι…..
- το πρόβλημα οφείλεται σε ποικίλα αίτια, όπως……
- βασική αιτία εμφάνισης του φαινομένου θεωρείται…..
- αυτό που κυρίως ευθύνεται για…….
- τα βαθύτερα αίτια του προβλήματος πρέπει να αναζητηθούν σε…..
-

3. Προτάσεις για αρχή ανάλυσης συνεπειών:

- σημαντική θετική συνέπεια του φαινομένου είναι….
- στις αρνητικές συνέπειες συγκαταλέγεται επίσης….
- ως αρνητικό αποτέλεσμα των παραπάνω μπορεί να αναφερθεί ότι…
- η……………. θεωρείται ως ένα θετικό αποτέλεσμα….

4. Προτάσεις για τρόπους αντιμετώπισης - λύσεις:

- η συμβολή του / της κρίνεται αποφασιστικής σημασίας….
- ……………. μπορεί να συμβάλει θετικά στο…….
- καθοριστικό ρόλο διαδραματίζει επίσης……..
- στην επίλυση του προβλήματος σημαντικό είναι να……….
- το πρόβλημα θα αντιμετωπιστεί ριζικά, εάν………

5. Συνδετικές λέξεις και φράσεις (στην αρχή, μέση και τέλος μιας παραγράφου)

- ειδικότερα
- συγκεκριμένα
- με άλλα λόγια- βέβαια
- επίσης / επιπλέον / επιπρόσθετα
- εξάλλου
- είναι γεγονός ότι
- αξίζει να τονιστεί ότι
- αξίζει να σημειωθεί ότι
- αναλυτικότερα
- είναι αλήθεια ότι
- εκτός από αυτό
- παράλληλα
- θα αποτελούσε παράλειψη να μην τονίσουμε ότι
- ωστόσο / αντίθετα / εντούτοις
- σε αντίθεση με
- από τη μια / από την άλλη πλευρά
- αφενός / αφετέρου
- παρόλα αυτά
- επομένως
- συνεπώς
- συμπερασματικά
- κατά συνέπεια

Άσκηση εμπέδωσης:

Χρησιμοποιήστε από τα παραπάνω λέξεις, φράσεις και αρχή πρότασης και γράψτε όσα περισσότερα παραδείγματα μπορείτε που να σχετίζονται με θέματα ανάπτυξης γραπτού λόγου (π.χ. είναι γεγονός ότι στις μέρες μας το διαδίκτυο επηρεάζει τη γνώμη του ανθρώπου σε πολλά ζητήματα).

Ενότητα 1: Τεχνική πρόοδος και επιτεύγματα (Τεχνολογία)

Διδακτικοί στόχοι:

- Γνωριμία με τον κόσμο της Τεχνολογίας
- Διάκριση των τομέων της Τεχνολογίας
- Ο μαθητής έρχεται αντιμέτωπος με σημαντικά ζητήματα και θέτει προβληματισμούς
- Μαθαίνει να ξεχωρίζει τα πλεονεκτήματα και τα μειονεκτήματα της τεχνολογίας
- Αναπτύσσει προσωπικές εμπειρίες
- Οριοθετεί τη σωστή χρήση της
- Αναφέρεται σε βιωματικές καταστάσεις σχετικά με τη χρήση των τεχνικών μέσων
- Μαθαίνει να αξιοποιεί τις νέες τεχνολογίες πληροφορίας και επικοινωνίας
- Διακρίνει τη χρήση της για εκπαιδευτικούς σκοπούς στο σχολικό περιβάλλον

Λεξιλόγιο

- Τεχνολογία / Τεχνική
- Πρόοδος / εξέλιξη
- Επιτεύγματα της τεχνολογίας
- Υπολογιστής / Διαδίκτυο / Μέσα κοινωνικής δικτύωσης
- Ηλεκτρονικό βιβλίο
- Εικονική πραγματικότητα
- Τεχνητή νοημοσύνη
- Μέσα μαζικής μεταφοράς
- Συμβολή της τεχνολογίας και σε άλλες επιστήμες
- Ο άνθρωπος υπεύθυνος για τη σωστή χρήση της
- Συμβαδίζει με την εξέλιξη της κοινωνίας
- Μέτρο στη χρήση της
- Πλεονεκτήματα και μειονεκτήματα
- Απαραίτητη στην καθημερινότητα, χρήσιμη σε διάφορους τομείς της ζωής μας

Κείμενο για επεξεργασία

Τεχνική πρόοδος και εξέλιξη

Η ραγδαία εξέλιξη της τεχνολογίας αποτελεί πλέον γεγονός στη ζωή μας. Η ανθρωπότητα εξελίσσεται χάρη στη συνεχή πρόοδο των τεχνικών μέσων που στοχεύουν στη διευκόλυνση της ζωής του ανθρώπου.

Με τον όρο τεχνολογία εννοούμε οποιοδήποτε μέσο βοηθά στη βελτίωση της καθημερινής μας ζωής σε πολλούς και διαφορετικούς τομείς. Έτσι, την τεχνολογία τη συναντούμε στις απλές οικιακές συσκευές, στους υπολογιστές, στα Μέσα Μαζικής Μεταφοράς, στα ιατρικά μηχανήματα, στα κινητά τηλέφωνα και γενικότερα σε όλα όσα μας βοηθούν να κάνουμε ευκολότερα και αποτελεσματικότερα την οποιαδήποτε εργασία μας. Από τη στιγμή που ο άνθρωπος άρχισε να ανακαλύπτει και να εφευρίσκει, διαμόρφωσε έτσι τη ζωή του, ώστε να την κάνει πιο εύκολη. Η αλλαγή αυτή όμως άλλοτε έχει θετικά και άλλοτε αρνητικά αποτελέσματα.

Αν ρίξουμε μια ματιά γύρω μας, διαπιστώνουμε ότι οι διευκολύνσεις που μας παρέχει η τεχνολογία είναι άπειρες. Το πιο απλό παράδειγμα αποτελούν οι ηλεκτρικές συσκευές. Η ηλεκτρική κουζίνα, το πλυντήριο, η ηλεκτρική σκούπα, ο φούρνος μικροκυμάτων και άλλες τέτοιες ευκολίες στην καθημερινότητά μας, απλοποίησαν τη ζωή μας. Τα μέσα μαζικής μεταφοράς έχουν κάνει τις μετακινήσεις μας γρήγορες και ακριβείς. Πλέον χωρίς να το πολυσκεφθούμε, μετακινούμαστε άφοβα παντού και με μεγαλύτερη ασφάλεια.

Εκτός από αυτό, η χρήση του ηλεκτρονικού υπολογιστή αλλά και του διαδικτύου, αύξησε τις δυνατότητές μας για καλύτερες επιδόσεις τόσο στην εργασία, όσο και στο σχολείο. Το διαδίκτυο μας προσφέρει εκτός από πληροφόρηση και άλλες χρήσιμες λειτουργίες, όπως την επικοινωνία με όλο τον κόσμο, τις γρήγορες αγορές, αλλά και γνώσεις σε πολλούς τομείς.

Η υπερβολική χρήση του όμως κρύβει και αρκετούς κινδύνους. Έτσι, είναι πολύ εύκολο να πέσει κάποιος θύμα εξαπάτησης ή κλοπής των προσωπικών του δεδομένων. Δεν είναι λίγες οι φορές που διαβάσαμε ή ακούσαμε περιπτώσεις ατόμων που εξαπατήθηκαν στις αγορές τους απ' το διαδίκτυο ή κάποιοι χρησιμοποίησαν τις πιστωτικές τους κάρτες για δικό τους όφελος.

Η χρήση του διαδικτύου ή του κινητού τηλεφώνου χωρίς μέτρο οδηγεί τον άνθρωπο σε εθισμό και εξάρτηση από αυτό. Η πολύωρη χρήση των ηλεκτρονικών παιχνιδιών κυρίως από ανήλικους επιδρά στην προσωπικότητά τους, καθώς αλλάζει το χαρακτήρα και τα πιστεύω τους. Πολλά από αυτά τα παιχνίδια περιέχουν βία. Έτσι, οι ανήλικοι χρήστες γίνονται πολλές φορές χωρίς να το καταλαβαίνουν και οι ίδιοι βίαιοι, με αποτέλεσμα να χρησιμοποιούν τη βία στην καθημερινότητά τους, αφού οι ήρωες αυτών των παιχνιδιών μετατρέπονται σε πρότυπα προς μίμηση γι' αυτούς. Η μόλυνση του περιβάλλοντος αποτελεί επίσης εξίσου σοβαρή επίπτωση της χρήσης της τεχνολογίας, αφού για την εξέλιξή της πολλές φορές καταστρέφεται η φύση.

Η τεχνολογία συμβαδίζει με την εξέλιξη της κοινωνίας. Το μόνο που μπορούμε και οφείλουμε να κάνουμε είναι η σωστή και με μέτρο χρήση της. Μόνο αν καταφέρουμε να χρησιμοποιούμε την τεχνολογία προς όφελός μας αλλά και προς όφελος του περιβάλλοντος, μόνο τότε θα έχουμε καταφέρει να γίνουμε εμείς κυρίαρχοί της και όχι αυτή σε μας.

(επιμέλεια κειμένου, Σ. Δημοπούλου)

Ερωτήσεις

1. Να γράψετε την περίληψη του κειμένου με δικά σας λόγια.

2. Να γράψετε το νόημα της τελευταίας παραγράφου του κειμένου. Πώς πιστεύετε μπορεί να γίνει αυτό;

3. Να αναφερθείτε σε άλλα πιθανά οφέλη αλλά και κινδύνους από την τεχνολογία.

4. Εσείς κατά πόσο εφαρμόζετε την τεχνολογία στην καθημερινότητά σας; Αναφερθείτε σε προσωπικές εμπειρίες.

Λεξιλογικές ασκήσεις

1. Να βάλετε τα παρακάτω ουσιαστικά στον αντίθετο αριθμό: εξέλιξη, γεγονός, μετακινήσεις, ήρωες, χαρακτήρα.

2. Να γράψετε προτάσεις με τις λέξεις της άσκησης 1.

3. Να βρείτε πέντε ρήματα στο κείμενο και να τα μεταφέρετε στο ίδιο πρόσωπο στον άλλο αριθμό (π.χ. αποτελεί: αποτελούν).

4. Να γράψετε από πέντε λέξεις με κάθε ένα συνθετικό της λέξης **τεχνολογία** (τέχνη + λόγος).

5. Να αντιστοιχίσετε τις λέξεις με την αντίθετη σημασία:

α. εξέλιξη   1. λανθασμένος
β. υπεύθυνος   2. λογικός
γ σωστός   3. στασιμότητα
δ. ανήλικοι   4. ανεύθυνος
ε. αλόγιστος   5. ενήλικοι

6. Δώστε την αντίστοιχη λέξη στην ελληνική γλώσσα για τα παρακάτω:

- Laptop
- Website
- Internet
- E-Book

- virtual reality (VR)
- KI (künstliche Intelligenz)
- App
- E-Mail

Θέματα για συζήτηση

1. Βρίσκεστε σε μια συζήτηση για το κατά πόσο είναι ωφέλιμα τα επιτεύγματα της τεχνολογίας σήμερα. Οι συνομιλητές σας διατυπώνουν την άποψη ότι ο άνθρωπος πρέπει απαραιτήτως να συμβαδίζει με αυτήν. Εσείς όμως εκφράζετε την αντίθετη άποψη και επιχειρηματολογείτε.

Διατυπώστε την επιχειρηματολογία σας με μια ομιλία 5 λεπτών.

2. Παρατηρήστε τις εικόνες και περιγράψτε τις. Αναφερθείτε λεπτομερώς στο θέμα τους. Δώστε έναν τίτλο.

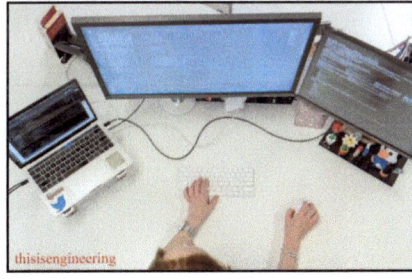 

Παραγωγή γραπτού λόγου (διάρκεια 120 λεπτά)

Τεχνολογία

Με αφορμή μια ημερίδα που θα γίνει στο σχολείο σου σχετικά με την τεχνολογική εξέλιξη, σχεδιάζονται διάφορες δραστηριότητες. Ως εκπρόσωπος της τάξης σου θα ήθελες να συμμετέχεις σε αυτές και να αναφερθείς σχετικά στην ιστοσελίδα του σχολείου σου. Γράψε ένα άρθρο για τη σχολική εφημερίδα στο οποίο θα υπάρχει πρόλογος, κυρίως θέμα και επίλογος και όπου θα εκφράζεις διάφορες απόψεις για το θέμα σε ένα κείμενο 300–350 λέξεων το λιγότερο.

1. **Παρουσίασε** στην αρχή του άρθρου σου,

   - τι σημαίνει ο όρος τεχνολογία
   - πώς είναι η καθημερινότητά σου σε σχέση με τη χρήση της

   (4 Μονάδες)

2. **Να αναλύσεις** στη συνέχεια,

   - τις προσωπικές σου εμπειρίες σχετικά με την πολύωρη χρήση των τεχνικών μέσων,
   - τις προσωπικές σου εμπειρίες στο σχολικό και κοινωνικό σου περίγυρο

   (10 Μονάδες)

3. **Ανάλυσε** τι σκοπεύεις να παρουσιάσεις στην ημερίδα του σχολείου για το θέμα Τεχνολογία. Γράψε για τα παρακάτω,

   - τι είδους εκδήλωση ετοιμάζεις και πώς θα παρουσιαστεί
   - τι υλικό χρειάζεσαι για αυτήν
   - για ποιον προορίζεται   (12 Μονάδες)

4. **Αιτιολόγησε**, γιατί κατά την άποψή σου θα πρέπει η τεχνολογία να γίνει απαραίτητη στη σχολική ζωή. Γράψε τουλάχιστον δύο λόγους

   (4 Μονάδες)

Aufgabenstellung

Technologie

Anlässlich eines Workshops zur Entwicklung der Technologie in deiner Schule sind verschiedene Aktivitäten geplant. Als Klassensprecher möchtest du an diesen Aktivitäten teilnehmen und auf der Webseite deiner Schule darüber berichten. Verfasse einen Artikel für die Schülerzeitung mit Einleitung, Hauptteil und Schluss. Schreibe mindestens 300–350 Wörter.

1. **Stelle** zu Beginn deines Artikels **dar**,

- den Begriff Technologie
- wie sieht dein Alltag mit der Technologie aus

(4 Punkte)

2. **Schreibe,**

- über deine persönlichen Erfahrungen mit der Nutzung der technischen Hilfsmittel
- über deine persönlichen Erfahrungen im schulischen und sozialen Umfeld

(10 Punkte)

3. **Erläutere**, was du während dieses Workshops präsentieren möchtest und schreibe,

- welche Art von Veranstaltung du vorbereitest und wie sie präsentiert werden soll
- welches Material du dafür benötigst
- für wen sie gedacht ist

(12 Punkte)

4. **Nimm Stellung** zu der Frage, warum Technologie ein wichtiger Bestandteil des Schullebens werden sollte. Schreibe mindestens zwei Gründe.

(4 Punkte)

Κείμενο για επεξεργασία

Διαδίκτυο και εθισμός στην εικονική πραγματικότητα

Ο εθισμός στο διαδίκτυο είναι μια σχετικά νέα μορφή εξάρτησης, για την οποία έχουν γίνει αρκετές έρευνες. Αυτή η μορφή εξάρτησης αφορά περιπτώσεις όπου το διαδίκτυο αποκτά μεγαλύτερη σημασία και προτεραιότητα στη ζωή του παιδιού από τους φίλους, την οικογένεια και την εργασία του, κυριαρχεί στη καθημερινότητα του και είναι κάτι που δε θέλει να αποχωριστεί. Περιπτώσεις παιδιών και εφήβων που περνούν υπερβολικά πολλές ώρες μπροστά στην οθόνη του υπολογιστή παίζοντας ηλεκτρονικά-διαδικτυακά παιχνίδια, μιλώντας διαδικτυακά σε δωμάτια συνομιλιών ή σε σελίδες κοινωνικής δικτύωσης, ενώ ξεχνούν ή παραμελούν άλλες σημαντικές δραστηριότητες, ανήκουν στην κατηγορία συμπεριφορών εθισμού στο διαδίκτυο.

Το διαδίκτυο έχει την ικανότητα να καλύψει συγκεκριμένες ψυχολογικές ανάγκες του παιδιού. Ένα από τα χαρακτηριστικά του είναι ότι δίνει τη δυνατότητα να προβάλλει κάποιος μια ιδανική και όχι πραγματική εικόνα του εαυτού του, χωρίς να έχει περιορισμούς και συνέπειες. Μάλιστα υπάρχουν έρευνες που δείχνουν ότι η υπερβολική χρήση του διαδικτύου είναι το ίδιο σοβαρή με την εξάρτηση ουσιών (π.χ. αλκοόλ, ναρκωτικά). Τέλος, η εξάρτηση από το διαδίκτυο μπορεί να είναι το αποτέλεσμα άλλων ψυχικών προβλημάτων, όπως κατάθλιψη, άγχος, διαταραχές προσωπικότητας και κοινωνική φοβία.

Υπάρχουν διάφοροι τύποι εξάρτησης από το διαδίκτυο. Ο πρώτος τύπος αφορά στην υπερβολική χρήση ιστοσελίδων που απευθύνονται σε ενηλίκους για διαδικτυακό σεξ (cybersex) και διαδικτυακό πορνογραφικό υλικό (cyber porn). Ο δεύτερος τύπος αφορά στις διαδικτυακές σχέσεις. Υπερβολική δηλαδή ενασχόληση σε διαδικτυακές διαπροσωπικές σχέσεις στις σελίδες κοινωνικής δικτύωσης (social media) και τα δωμάτια συνομιλίας, ή άλλων υπηρεσιών ανταλλαγής μηνυμάτων. Ο τρίτος τύπος αφορά στην υπερβολική ενασχόληση με τον τζόγο και τις διαδικτυακές αγορές. Στον τέταρτο τύπο περιλαμβάνεται το συνεχόμενο και διαρκές «σερφάρισμα» στο διαδίκτυο. Τέλος, ο πέμπτος τύπος αφορά στην υπερβολική ενασχόληση με τους ηλεκτρονικούς υπολογιστές, στην εμμονή δηλαδή με τα ηλεκτρονικά παιχνίδια.

Τα συμπτώματα του εθισμού εκδηλώνονται σταδιακά, ωστόσο υπάρχουν ενδείξεις τις οποίες θα πρέπει οι γονείς να παρατηρήσουν. Οι τρεις βασικές ενδείξεις είναι η έλλειψη ύπνου (υπνηλία τις πρωινές ώρες εξαιτίας της χρήσης του διαδικτύου τη νύχτα), η απουσία όρεξης και η αδιαφορία για την εξωτερική εμφάνιση. Ακόμη, η αδυναμία του ατόμου να σταματήσει τη δραστηριότητα ή να ελέγξει το χρόνο ενασχόλησης με το διαδίκτυο και η επιθυμία να περνά ολοένα και περισσότερο χρόνο στο διαδίκτυο, θα πρέπει να μας ανησυχήσει. Τέλος, τα συναισθηματικά προβλήματα, η άσχημη διάθεση και η επιθετικότητα, όταν δεν είναι online, ή όταν προσπαθεί να περιορίσει τη χρήση, θα πρέπει να μας βάλουν σε σκέψεις. Οι γονείς οφείλουν, όταν το παιδί βρίσκεται ακόμη σε μικρή ηλικία, να παρακολουθούν τη συμπεριφορά του και να το προστατεύσουν από παγίδες που μπορεί να το οδηγήσουν σε σοβαρότερες καταστάσεις. (ελαφρώς διασκευασμένο άρθρο της Διαμαντοπούλου Δανάης, ψυχολόγου, www.inmedhealth.gr)

Ερωτήσεις

1. Ενημερώστε τους συμμαθητές σας με δικά σας λόγια για το περιεχόμενο του κειμένου.

2. Σχολιάστε σε μία παράγραφο 80 περίπου λέξεων τις μορφές εξάρτησης από το διαδίκτυο, όπως αναφέρονται στο άρθρο. Ποια από αυτές θεωρείτε πιο επικίνδυνη και γιατί;

3. Με ποιους τρόπους πιστεύετε μπορούν οι γονείς να προστατεύσουν το παιδί από τον εθισμό στο διαδίκτυο;

Λεξιλογικές ασκήσεις

1. περιορίζω, παραμελώ, ενασχόληση, δραστηριότητα, πρόβλημα: να χρησιμοποιήσετε τις λέξεις στα κενά των παρακάτω προτάσεων και, αν χρειαστεί, να αλλάξετε τον τύπο τους.

α. Οι εξωσχολικές………………..των μαθητών συμβάλουν στη δημιουργική αξιοποίηση του ελεύθερου χρόνου τους.

β. Πολλοί γονείς εξαιτίας της πολύωρης εργασιακής απασχόλησής τους………………..τα παιδιά τους.

γ. Η διαρκής………………..με τα κοινά τον οδήγησε στην απόφαση να ακολουθήσει την πολιτική.

δ. Η πολύωρη χρήση των ηλεκτρονικών μέσων μπορεί να οδηγήσει σε ψυχικά......................

ε. Η ολοένα και αυξανόμενη οικονομική κρίση αναγκάζει πολλές οικογένειες να.....................τα έξοδά τους.

2. αποχωριστεί, ενασχόλησης, υπερβολική, ανταλλαγής: να βρείτε τα συνθετικά των λέξεων (π.χ. συγγραφέας = συν + γράφω) και στη συνέχεια να γράψετε δικές σας σύνθετες λέξεις με το β συνθετικό τους (π.χ. απογραφή, υπογράφω κ.ά.).

3. Να σχηματίσετε φράσεις (π.χ. συγγραφέας βιβλίων) με τις παρακάτω λέξεις: άσχημη, υπερβολικός, ανταλλαγή, χρήση, εξάρτηση.

Θέματα για συζήτηση

Χωριστείτε σε ομάδες και συζητήστε σε μορφή διαλόγου το παρακάτω θέμα και βρείτε λύσεις:

Ομάδα Α: Είστε θερμοί υποστηρικτές της χρήσης του διαδικτύου σε όλους τους τομείς της καθημερινότητας και στηρίζετε με επιχειρήματα αυτή τη στάση σας.

Ομάδα Β: Εκπροσωπείτε μια ομάδα γονέων που επιθυμούν να προστατεύσουν τα παιδιά τους από τέτοιου είδους εξαρτήσεις.

Παραγωγή λόγου (διάρκεια 120 λεπτά)

Διαδίκτυο

Η τάξη σου ετοιμάζει ένα πρότζεκτ σχετικό με την κυριαρχία του διαδικτύου στη σύγχρονη κοινωνία και το σχολικό περιβάλλον. Παρουσιάζεις τις ιδέες και απόψεις σου σε ένα κείμενο 300–350 λέξεων το λιγότερο, το οποίο θα αποτελείται από πρόλογο, κυρίως θέμα και επίλογο.

1. **Παρουσίασε** στην αρχή του κειμένου σου,

   - την κυριαρχία του διαδικτύου σήμερα γενικότερα
   - τη δική σου σχέση με αυτό

   (4 Μονάδες)

2. **Εξήγησε** ποια είναι η θετική προσφορά του,

   - στο εξ αποστάσεως σχολικό μάθημα με βάση την εμπειρία σου
   - στην καθημερινή μας ζωή

   (10 Μονάδες)

3. **Παρουσίασε** αναλυτικά,

   - τους κινδύνους
   - και τις αρνητικές συνέπειες από τη λανθασμένη και πολύωρη χρήση του

   (12 Μονάδες)

4. **Πρότεινε** δύο τουλάχιστον λύσεις,

   - για τη δημιουργική αξιοποίησή του   (4 Μονάδες)

Aufgabenstellung

Internet

Deine Klasse bereitet ein Projekt über Internet in der modernen Gesellschaft und im schulischen Umfeld vor. Du stellst deine Ideen und Meinungen dar. Verfasse einen Text mit Einleitung, Hauptteil und Schluss. Schreibe mindestens 300–350 Wörter.

1. Zu Beginn deines Textes **schreibe,**

    - eine allgemeine Stellungnahme der Bedeutung des Internets heutzutage

    - deine Erfahrung mit der Internetnutzung

(4 Punkte)

2. **Erläutere** den positiven Beitrag des Internets gemäß deinen Erfahrungen,

    - im digitalen Unterricht

    - im Alltag

(10 Punkte)

3. **Stelle** ausführlich **dar,**

    - die Gefahren und Risiken

    - die negativen Folgen einer falschen Nutzung

(12 Punkte)

4. **Schlage** mindestens zwei Lösungen **vor,**

    -für eine kreative Nutzung des Internets   (4 Punkte)

Κείμενο για επεξεργασία

Κινητό τηλέφωνο και σχολείο

Mary Taylor

Yan Krukau

Τα τελευταία χρόνια γίνεται ολοένα και συχνότερο το φαινόμενο της χρήσης κινητών τηλεφώνων στα σχολεία ακόμη και από μικρούς σε ηλικία μαθητές. Είναι εντυπωσιακό το γεγονός πως τα περισσότερα παιδιά σήμερα γνωρίζουν σχεδόν τα πάντα γύρω από τη χρήση ενός έξυπνου τηλεφώνου.

Η χρήση των κινητών στο σχολείο εξακολουθεί να αποτελεί ενδιαφέρον θέμα για εκπαιδευτικούς, γονείς και μαθητές. Οι υποστηρικτές του θεωρούν πως ο μαθητής θα πρέπει να βρίσκεται σε συνεχή επαφή με την τεχνολογία και πως αποτελεί πλέον σημαντικό κομμάτι της καθημερινότητάς του, αλλά και του σχολείου. Από την άλλη πλευρά βρίσκονται όσοι θεωρούν πως το κινητό ουσιαστικά δεν προσφέρει τίποτε στο σχολείο, παρά το μόνο που πετυχαίνει είναι να αποσπά την προσοχή του μαθητή.

Όπως συμβαίνει στα περισσότερα τεχνολογικά επιτεύγματα, έτσι και στο κινητό τηλέφωνο υπάρχουν και οι θετικές πλευρές. Μαθητές σε μεγαλύτερες ηλικίες μπορούν να ωφεληθούν από τη χρήση του, αλλά μόνο κατά τη διάρκεια του μαθήματος. Μέσω χρήσιμων εφαρμογών είναι δυνατό να χρησιμοποιούν για παράδειγμα ένα ηλεκτρονικό λεξικό, ώστε να μπορούν να μεταφράζουν άγνωστες λέξεις είτε μιας ξένης είτε της μητρικής τους γλώσσας. Εκτός από αυτό, σε κάποια μαθήματα όπως η ιστορία, μπορούν να βρίσκουν διάφορες πληροφορίες και να τις χρησιμοποιούν σε μία ατομική ή ομαδική εργασία μέσα στη τάξη. Η άμεση επικοινωνία με τους γονείς σε περίπτωση έκτακτης ανάγκης είναι επίσης απαραίτητη, παρόλο που ορισμένοι υποστηρίζουν ότι κάτι τέτοιο μπορεί να γίνει και μέσω του σχολείου.

Ωστόσο, η χρήση του κινητού τηλεφώνου στο σχολείο δεν έχει πάντα το επιθυμητό αποτέλεσμα. Πολλοί μαθητές είναι εξαρτημένοι από αυτό, με αποτέλεσμα να το χρησιμοποιούν κρυφά την ώρα του μαθήματος είτε παίζοντας ηλεκτρονικά παιχνίδια, είτε βλέποντας βίντεο στο youtube, είτε σερφάροντας στο διαδίκτυο. Πολλές φορές χρησιμοποιείται ως μέσο εκφοβισμού σε συμμαθήτριες και συμμαθητές, - το γνωστό Mobbing-, με αποτέλεσμα να υπάρχουν προβλήματα μεταξύ τους. Εκτός από τα παραπάνω, το να βγάζουν φωτογραφίες και βίντεο από συμμαθήτριες, συμμαθητές αλλά και εκπαιδευτικούς ή η αντιγραφή στα διαγωνίσματα, οι συνομιλίες και τα μηνύματα στα μέσα κοινωνικής δικτύωσης ή ακόμη και να χτυπά το τηλέφωνο την ώρα του μαθήματος, αποτελούν σοβαρό πρόβλημα.

Δεν υπάρχει αντίρρηση ότι τα σημερινά σχολεία πρέπει να συμβαδίζουν με την τεχνική πρόοδο και να προσαρμόζουν το μάθημα αλλά και την ελεύθερη ώρα στη σωστή χρήση του κινητού τηλεφώνου, του τάμπλετ κ.ά., ώστε να γίνει κατά μία έννοια το σχολείο πιο ενδιαφέρον. Κατά πόσο όμως η ελευθερία αυτή θα συμβάλλει στη σωστή διαπαιδαγώγηση και ολοκλήρωση του μαθητή; Πού υπάρχουν όρια στη χρήση του κινητού και πώς αυτό αντικαθιστά φιλίες και σχέσεις ουσιαστικές ανάμεσα στους νεαρούς χρήστες; Τα παραπάνω ερωτήματα ας μας προβληματίσουν προκειμένου να μπορέσουμε εμείς να βάλουμε όρια σε ό,τι έχει να κάνει με το σχολικό περιβάλλον και τη χρήση του κινητού τηλεφώνου.

(επιμέλεια κειμένου, Σ. Δημοπούλου)

Θέματα για συζήτηση

Ως εκπρόσωπος της τάξης σου και έχοντας υπόψιν περιστατικά εκφοβισμού (Mobbing) μέσω του κινητού σε συμμαθήτριες και συμμαθητές σου, εκφωνείς μία ομιλία στην οποία τονίζεις την επικινδυνότητα τέτοιων περιστατικών στη σχολική ζωή. Εκτός από αυτό, αναφέρεσαι και στα αρνητικά της χρήσης του την ώρα του μαθήματος.

Συμμαθήτριες και συμμαθητές σου αντιδρούν σε αυτή την ομιλία υποστηρίζοντας ότι το κινητό είναι απαραίτητο μέσα στην τάξη, αφού διευκολύνει σε πολλά. Αφού ακουστούν και οι δύο πλευρές, σημειώστε στο τετράδιό σας με λέξεις κλειδιά τα υπέρ και τα κατά της χρήσης του κινητού στο σχολείο. Στη συνέχεια, αναπτύξτε τις θέσεις σας σε ένα κείμενο.

Συμπληρωματικό κείμενο με αυτενέργεια

Ηλεκτρονικό, ακουστικό ή έντυπο βιβλίο;

Ο κόσμος μας όλος μία οθόνη. Οθόνη υπολογιστή, οθόνη κινητού, οθόνη τάμπλετ, οθόνη E-Book, audiobook. Στην εποχή της ευκολίας και της γρήγορης πρόσβασης σε κάθε είδους πληροφορία, το διάβασμα ενός έντυπου βιβλίου πλέον θεωρείται παλαιομοδίτικο. Η ανάγνωση ηλεκτρονικών βιβλίων, αλλά και τα ακουστικά βιβλία (audiobooks), είναι η νέα μόδα της εποχής. Μία και μόνο συσκευή αρκεί για να γεμίσει πληθώρα βιβλίων, που σε διαφορετική περίπτωση θα έπρεπε να τα κουβαλάμε μαζί μας. Είναι πράγματι ευκολία; Οι άνθρωποι τελικά έπαψαν να διαβάζουν ή μήπως άλλαξαν οι αναγνωστικές μας συνήθειες;

 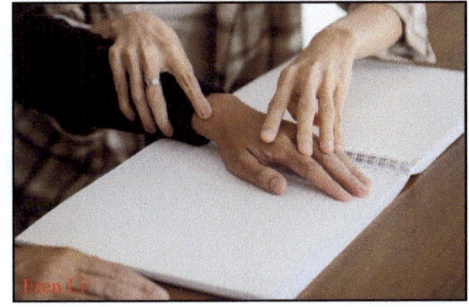

Ας παρατηρήσουμε προσεκτικά τις παραπάνω εικόνες. Αριστερά βλέπουμε μία συσκευή ηλεκτρονικού βιβλίου και στη δεξιά πλευρά την ανάγνωση ενός ειδικού βιβλίου Braille, τη γνωστή μέθοδο ανάγνωσης βιβλίων για τυφλούς. Δύο διαφορετικές μορφές ανάγνωσης, με τη δεύτερη να συνδέεται με τα άτομα με ειδικές ανάγκες. Εκφράστε την άποψή σας σχετικά με τα δύο είδη βιβλίων **(απαντήστε)**

Το βιβλίο στην παραδοσιακή έντυπη μορφή του παρουσιάζει αρκετά πλεονεκτήματα σε σχέση με το ηλεκτρονικό και ακουστικό. Κάποια από αυτά είναι τα εξής:

- μας προσφέρουν γνώση που θα μας φανεί σίγουρα χρήσιμη στο μέλλον
- αναπτύσσουν την κριτική σκέψη μας

συμπληρώστε εσείς κάποια από αυτά

-
-
-

Από την άλλη, το ηλεκτρονικό και ακουστικό βιβλίο έχει με τη σειρά του τα δικά του θετικά στοιχεία (**συμπληρώστε παρακάτω**)

- είναι πιο προσιτά στην τιμή σε σχέση με τα έντυπα
- είναι προσβάσιμα, εφόσον μπορεί κανείς να τα διαβάσει/ακούσει οπουδήποτε και αν βρίσκεται

-
-
-
-

Υπάρχουν βέβαια και μειονεκτήματα στα παραπάνω είδη βιβλίου, όπως: (**συμπληρώστε**)

- το έντυπο βιβλίο μπορεί να ξεθωριάσει από την πολυχρησία
- το ηλεκτρονικό βιβλίο κουράζει τα μάτια

-
-
-
-
-

Είτε με τον έναν είτε με τον άλλον τρόπο, η ανάγνωση ενός καλού βιβλίου μόνον θετικά επιφέρει στον άνθρωπο. Όποιον και να επιλέξουμε, μόνον κερδισμένοι θα βγούμε. Με ένα βιβλίο γινόμαστε καλύτερες και πιο ολοκληρωμένες προσωπικότητες. (**γράψτε και ένα δικό σας συμπέρασμα**).

Ενότητα 2: Οικογένεια – οικογενειακές σχέσεις – Ο ρόλος των δύο φύλων

Διδακτικοί στόχοι ενότητας:

- Γνωριμία με το θεσμό της οικογένειας
- Αλλοίωση του θεσμού
- Ο νέος έρχεται σε επαφή με αξίες και ιδανικά
- Μαθαίνει να ενδυναμώνει τις σχέσεις με τα μέλη της οικογένειας
- Γνωρίζει τους κινδύνους που απειλούν την αλλοίωση του θεσμού
- Μαθαίνει να εκτιμά τις σχέσεις γενικότερα
- Στόχος να δοθεί μεγαλύτερη βαρύτητα στο σεβασμό και την αγάπη
- Στόχος ο σεβασμός στους ηλικιωμένους μέσα από το πρίσμα της οικογένειας
- Βαθύτερη κατανόηση των δεσμών μεταξύ των μελών της οικογένειας

Λεξιλόγιο

- Οικογένεια (οίκος και γένος)
- Δομή
- Δεσμός
- Δέσιμο
- Θεσμός
- Μέλη
- Ηθικές και κοινωνικές αξίες
- Παράδοση
- Αλλοίωση και κρίση του θεσμού
- Πατριαρχικές / μητριαρχικές / μοντέρνες / μονογονεϊκές / ομοφυλοφιλικές οικογένειες
- Οικογενειακό μοντέλο
- Οικογενειακή σταθερότητα και γαλήνη

Κείμενο για επεξεργασία

Η οικογένεια σε κρίση;

Τα τελευταία χρόνια η οικογένεια ως θεσμός περνάει κρίση. Πέρασαν πάρα πολλές δεκαετίες από τότε που οι οικογένειες, ιδιαίτερα στην Ελλάδα, διατηρούσαν το παραδοσιακό προφίλ τους και ουσιαστικά αντιπροσώπευαν και το κοινωνικό μοντέλο της κάθε εποχής. Στις οικογένειες αυτές αρχηγός ήταν ο πατέρας, ο μόνος που εργαζόταν και αναλάμβανε όλα τα έξοδα του σπιτιού.

Με την εξέλιξη της κοινωνίας και την αλλαγή των αντιλήψεων, άλλαξε και η οικογένεια. Από τότε που άρχισε η γυναίκα να εργάζεται και να είναι οικονομικά ανεξάρτητη, άλλαξε και η οικογένεια. Έτσι, ενώ παλαιότερα ένα διαζύγιο θεωρούνταν ταμπού, πλέον άρχισε να γίνεται συνηθισμένο φαινόμενο. Οι οικογένειες διαλύονται πολύ εύκολα και πολλές φορές στηρίζονται οικονομικά από τη γυναίκα. Εξάλλου, με την αλλαγή στους ρόλους των δύο φύλων, η μητέρα, σύζυγος και εργαζόμενη κρατά εξίσου καλά το τιμόνι μιας οικογένειας.

Στην εξέλιξη όμως αυτήν σημαντικό ρόλο έπαιξε και ο τρόπος απόκτησης παιδιών. Η αρχή της δεκαετίας του '80 σηματοδοτεί την πρώτη γέννηση παιδιών με εξωσωματική γονιμοποίηση. Με το πέρασμα των χρόνων, η μορφή της οικογένειας „εκμοντερνίστηκε", με αποτέλεσμα να βλέπουμε συχνά, ιδιαίτερα στο εξωτερικό, γυναίκες να μεγαλώνουν μόνες τα παιδιά τους ή ακόμη και άνδρες. Επίσης, συχνό είναι και το φαινόμενο πλέον να υιοθετούν παιδιά ομοφυλοφιλικά ζευγάρια ή ακόμη και να αποκτούν δικά τους με τη βοήθεια της επιστήμης.

Άλλαξε όντως το οικογενειακό μοντέλο; Γιατί ολοένα και περισσότεροι νέοι φοβούνται να δημιουργήσουν οικογένεια; Γιατί αυξήθηκαν τα διαζύγια και η υπογεννητικότητα; Ένας πολύ σημαντικός παράγοντας είναι η ανεργία, φαινόμενο που παρατηρείται ιδιαίτερα στην Ελλάδα. Οι περισσότεροι νέοι εγκαταλείπουν την οικογένεια σε μεγάλη ηλικία, γιατί αδυνατούν να νοικιάσουν μόνοι ένα σπίτι και να καλύψουν τα έξοδά τους. Σε αντίθεση με άλλες χώρες όπως η Γερμανία, όπου οι δυνατότητες στην αγορά εργασίας είναι πολλές, οι νέοι μπορούν να ζουν ανεξάρτητοι και να συντηρούν το δικό τους σπίτι χωρίς πρόβλημα.

Πέρα από αυτό, η πλήρης οικονομική ανεξαρτησία της γυναίκας, της έδωσε μέσα στην οικογένεια δύναμη. Επιπρόσθετα, η αλλαγή της κοινωνίας και τα νέα πρότυπα που κυριαρχούν, άλλαξαν και την αξία του θεσμού της οικογένειας.

Η τεχνολογία και τα ηλεκτρονικά μέσα που διαθέτουν όλοι στο σπίτι παίζουν επίσης σημαντικό ρόλο στην αλλαγή αυτή. Τη θέση της συζήτησης και του διαλόγου ανάμεσα στα μέλη της οικογένειας έχει πάρει το κινητό τηλέφωνο, το διαδίκτυο, το τάμπλετ και τα μέσα κοινωνικής δικτύωσης. Ας πάρουμε παράδειγμα τους εαυτούς μας. Ποιος από εμάς δεν πιάνει στο χέρι του μόλις ξυπνήσει το κινητό του; Ποιος από εμάς δε συναντιέται με φίλους έξω και, αντί να απολαύσει τη συζήτηση και την παρέα, σπαταλά το χρόνο του βγάζοντας σέλφι; Το ίδιο ακριβώς συμβαίνει και μέσα στην οικογένεια. Αντί το παιδί να συζητήσει τα προβλήματά του με τους γονείς, που και αυτοί πολλές φορές είναι απορροφημένοι στη δουλειά τους, τα συζητά με αγνώστους που κατά καιρούς ,,συναντά'' στο διαδίκτυο.

Είναι πράγματι δύσκολο στις μέρες μας να τηρήσουμε αξίες και θεσμούς που άλλοτε ήταν σημαντικά για τον άνθρωπο. Με την απομάκρυνση από την παράδοση και την αλλαγή της κοινωνίας, επηρεάστηκε και ο θεσμός της οικογένειας. Όσο όμως και αν ακούγεται περίεργο, μόνο μέσα από τη διατήρηση τέτοιων παραδοσιακών αξιών προχωρά η κοινωνία μας.

(επιμέλεια κειμένου, Σ. Δημοπούλου)

Ερωτήσεις

1. Να αναφερθείτε στις αιτίες, εξαιτίας των οποίων ο θεσμός της οικογένειας είναι σε κρίση σύμφωνα με το κείμενο. Ποια από αυτές θεωρείτε πιο σοβαρή και γιατί;

2. Να εξηγήσετε με δικά σας λόγια την τελευταία παράγραφο του κειμένου.

3. Να βάλετε πλαγιότιτλο σε κάθε μία παράγραφο.

Λεξιλογικές ασκήσεις

1. Να εντοπίσετε μέσα στο κείμενο πέντε συνδετικές λέξεις (π.χ. όμως, αλλά..) και να τις αντικαταστήσετε με συνώνυμες.

2. Στις παρακάτω προτάσεις να επιλέξετε τη σωστή λέξη:

α. Ο θεσμός της οικογένειας τα τελευταία χρόνια ………………….. (αντιμετωπίζει, περνάει, διανύει) κρίση.

β. Ο νέος μεγαλώνει με αρχές και αξίες μέσα στον οικογενειακό ………………… (περίγυρο, παράγοντα, τομέα).

γ. Η αλλαγή των κοινωνικών ……………….. (παραγόντων, δομών, μέσων) αποτελεί έναν από τους βασικότερους παράγοντες αλλοίωσης του θεσμού της οικογένειας.

δ. Η ……………….. (διατήρηση, συντήρηση, τήρηση) κανόνων μέσα στην οικογένεια θεωρείται πολύ σημαντικό βήμα για την ……………….. (ηθική, ολοκληρωμένη, ψυχική) διαμόρφωση της προσωπικότητας του νέου.

3. Για κάθε μια από τις παρακάτω λέξεις να γράψετε και από μία πρόταση. Μπορείτε να χρησιμοποιήσετε τις λέξεις σε όποιον τύπο θέλετε: αντιλήψεων, διάλογο, εγκαταλείπουν, απομάκρυνση, πρότυπα.

4. Να μεταφέρετε τα παρακάτω ρήματα στην άλλη φωνή από αυτήν που βρίσκονται: διατηρούσαν, άλλαξε, κυριαρχούν, συναντιέται, επηρεάστηκε, ακούγεται, συζητά, υιοθετούν, έδωσε, διαλύονται.

Θέμα για συζήτηση

Με βάση τις παραπάνω εικόνες, να κάνετε μια συζήτηση με τις/τους συμμαθήτριες/συμμαθητές σας για τις εικονιζόμενες οικογένειες και να εκφράσετε τις απόψεις σας σχετικά με αυτές.

Ο ρόλος των δύο φύλων

1. Παρατηρώντας προσεκτικά τις εικόνες, αφού προσδιορίσετε αρχικά το περιεχόμενο που κρύβεται πίσω από αυτές σχετικά με το ρόλο των δύο φύλων, να αναφερθείτε στα θετικά αλλά και αρνητικά αυτής της αλλαγής. Θεωρείτε ότι η θέση της γυναίκας άλλαξε; Να εξηγήσετε γιατί.

2. Παίρνετε μέρος σε μία συνέντευξη ως μάνατζερ μεγάλης πολυεθνικής εταιρείας, που στην πλειοψηφία της απασχολεί άνδρες. Προσπαθείτε να πείσετε τον εργοδότη σας πως η θέση αυτή είναι εξίσου κατάλληλη και για μία γυναίκα. Κάντε το διάλογο.

3. Συζητήστε μέσα στην τάξη το ενδεχόμενο να εργάζεται μόνο η γυναίκα σε ένα ζευγάρι και ο άντρας να αναλάβει τις δουλειές του σπιτιού. Κατά πόσο είναι αποδεκτή μία τέτοια κατάσταση και κατά πόσο ο σημερινός άνδρας δέχεται να εργάζεται μόνο η γυναίκα και να είναι αυτή που συντηρεί ένα νοικοκυριό;

Συμπληρωματικό κείμενο

Γενιές και…… γενιές

Συνηθίζουμε να αποκαλούμε την απόσταση ανάμεσα στη νεότερη και μεγαλύτερη γενιά ως χάσμα, δηλαδή απομάκρυνση. Ένα χάσμα που αφορά όχι μόνο στην ηλικιακή διαφορά, αλλά και στη διαφορετική σκέψη, στις διαφορετικές αντιλήψεις και ιδέες, νοοτροπία αλλά και τρόπο ζωής.

Όσο προοδευτική και να φαντάζει η κοινωνία μας, πάντα θα υπάρχει μία, θα λέγαμε, διαφωνία μεταξύ νέων και μεγαλύτερων. Οι αιτίες στις οποίες οφείλεται αυτό είναι κυρίως η επαναστατικότητα των νέων, χαρακτηριστικό της νεαρής τους ηλικίας. Θεωρούν πως ο κόσμος μπορεί να αλλάξει με προοδευτικές ιδέες και σύγχρονες αντιλήψεις. Από την άλλη βρίσκονται οι μεγαλύτεροι, που θεωρούν από την πλευρά τους πως εξαιτίας των εμπειριών ζωής, είναι σε θέση να γνωρίζουν και περισσότερα.

Καθοριστικό ρόλο στα παραπάνω έχει οπωσδήποτε η τεχνολογική εξέλιξη. Το γεγονός πως οι μεγαλύτεροι δεν είναι και τόσο εξοικειωμένοι με τις νέες τεχνολογίες, καθιστά τους νεότερους αυστηρούς κριτές τους. Το φαινόμενο όμως αυτό τείνει να αλλάζει, γιατί οι μεγαλύτεροι στο σύνολό τους και μέσα από την εργασία τους αναγκάζονται να συμβαδίζουν με την τεχνολογική εξέλιξη και να μην υστερούν πλέον σε τίποτε σε σχέση με τους νεότερους. Η τάση των μεγαλύτερων να κριτικάρουν τις αποφάσεις της νεολαίας και να τη θεωρούν ανίκανη να δημιουργήσει μια καλύτερη κοινωνία, μεγαλώνει την απόσταση ανάμεσά τους. Οι εποχές μπορεί να άλλαξαν, οι κοινωνίες να εξελίχθηκαν, αλλά η νέα γενιά και κάθε νέα γενιά μπορεί και πρέπει να ονειρεύεται ένα καλύτερο μέλλον. Υπάρχουν πολλά παραδείγματα νέων ανθρώπων που διαπρέπουν στις επιστήμες, στην τέχνη, στην πολιτική και κοινωνική ζωή.

Με τον αλληλοσεβασμό και τη δημιουργική συνεργασία, το διάλογο και την ανταλλαγή απόψεων, είναι δυνατό να χτιστεί μία δυνατή σχέση ανάμεσα στη νεότερη και μεγαλύτερη γενιά. Η κοινή προσπάθεια από τη μία να κατανοήσουν οι μεγαλύτεροι τα προβλήματα που απασχολούν τους νέους και η εμπειρία των μεγαλύτερων από την άλλη, θα οδηγήσει στην μεταξύ τους αρμονική συμβίωση.

(επιμέλεια κειμένου, Σ. Δημοπούλου)

Θέματα για συζήτηση και εργασία:

1. Εκφράστε τις θέσεις και απόψεις σας στο παραπάνω κείμενο με έναν διάλογο στην τάξη. Χωριστείτε σε ομάδες, μέσα από τις οποίες κάποιοι θα εκπροσωπούν τη νεότερη και κάποιοι τη μεγαλύτερη γενιά.

2. Πώς αντιλαμβάνεστε τη διαφορά ανάμεσα στη μεγαλύτερη και νεότερη γενιά; Σε ποιους τομείς πιστεύετε ότι θα μπορούσαν να συνεργαστούν, ώστε να ωφεληθούν και οι δύο;

3. αλληλοσεβασμός, συνεργασία, διάλογος, συμβίωση, αντιλήψεις, νοοτροπία: να χρησιμοποιήσετε τις λέξεις σε προτάσεις, ώστε να φανεί η σημασία τους.

4. ηλικιακή διαφορά, κοινή προσπάθεια, νεαρής ηλικίας, δημιουργική συνεργασία, διαφορετική σκέψη: να μεταφέρετε τις φράσεις στην ίδια πτώση του άλλου αριθμού.

Παραγωγή λόγου (διάρκεια 120 λεπτά)

Οικογένεια

Η ηλεκτρονική σελίδα του σχολείου σου ετοιμάζει έναν διαγωνισμό για το καλύτερο άρθρο σχετικά με το ρόλο της οικογένειας στη σημερινή εποχή. Παίρνεις μέρος στο διαγωνισμό με ένα κείμενο 300–350 λέξεων, στο οποίο θα υπάρχει πρόλογος, κυρίως μέρος και επίλογος αναλύοντας τα παρακάτω:

1. **Παρουσίασε** στην αρχή του κειμένου σου,

   - την έννοια της οικογένειας όπως εσύ την καταλαβαίνεις
   - τη δική σου σχέση με αυτήν   (4 Μονάδες)

2. **Εξήγησε** ποια είναι η προσφορά της οικογένειας,

   - στην ανατροφή του παιδιού
   - στη λειτουργία μιας κοινωνίας   (10 Μονάδες)

3. **Παρουσίασε** αναλυτικά,

   - τις αιτίες που η οικογένεια απειλείται με διάλυση
   - και τις αρνητικές συνέπειες που προκύπτουν   (12 Μονάδες)

4. **Ανάφερε** δύο συμπεράσματα,

   - για τη σημασία της οικογένειας στις μέρες μας

                                                                                        (4 Μονάδες)

Aufgabenstellung

Familie

Die Website deiner Schule schreibt einen Wettbewerb für den besten Artikel über die Rolle der Familie in der heutigen Welt aus. Du möchtest an dem Wettbewerb teilnehmen. Verfasse einen Text mit Einleitung, Hauptteil und Schluss. Schreibe mindestens 300–350 Wörter.

1. **Erläutere** zu Beginn deines Textes,

   - den Begriff „Familie" und wie du ihn wahrnimmst
   - deine Beziehung zu deiner Familie   (4 Punkte)

2. **Erkläre** den Beitrag der Familie,

   - in der Kindererziehung
   - in einer Gesellschaft   (10 Punkte)

3. **Stelle** ausführlich **dar**,

   - die Gründe, warum Familie bedroht ist
   - die negativen Folgen, die sich daraus ergeben   (12 Punkte)

4. **Nenne** zwei Schlussfolgerungen,

   - für die Wichtigkeit der Familie heutzutage

                                                          (4 Punkte)

Ενότητα 3: Διατροφή - Διατροφικές συνήθειες

Διδακτικοί στόχοι:

- Έννοια της διατροφής
- Γνωριμία με τις σωστές διατροφικές συνήθειες
- Ένταξη της διατροφής στην κουλτούρα ενός λαού
- Διατροφή και υγεία
- Διατροφή και παχυσαρκία
- Η διατροφή ως τρόπος ζωής
- Διατροφή και παιδική ηλικία
- Διατροφή και μόδα
- Γνωριμία με τις διατροφικές συνήθειες ενός λαού

Λεξιλόγιο

- Διατροφικές συνήθειες
- Δίαιτα / Θερμιδική αξία
- Υγιεινή / ανθυγιεινή / πλούσια σε βιταμίνες διατροφή
- Μεσογειακή διατροφή και συστατικά
- Διατροφικά πρότυπα
- Διατροφική πυραμίδα
- Παχυσαρκία
- Διατροφή και άσκηση
- Διατροφικές διαταραχές (ανορεξία, βουλιμία)
- Πρωτεΐνες, μέταλλα, ιχνοστοιχεία, σίδηρος, μαγνήσιο

Κείμενο για επεξεργασία

Διατροφή και Υγεία

Polina Tankilevitch

Το ζήτημα της σωστής και ισορροπημένης διατροφής απασχολεί τα τελευταία χρόνια όχι μόνο ειδικούς διατροφολόγους, αλλά και απλούς καθημερινούς ανθρώπους που φροντίζουν να προσέχουν τι τρώνε προκειμένου να έχουν σωματική και ψυχική υγεία. Με τον όρο διατροφή εννοούμε το σύνολο των απαραίτητων συστατικών που έχει ανάγκη ο οργανισμός του ανθρώπου σε καθημερινή βάση, ώστε να αντεπεξέλθει στην κούραση και τις δυσκολίες.

Με την κυριαρχία συγκεκριμένων διατροφικών προτύπων είναι δυστυχώς δύσκολο στις μέρες μας να έχουμε μια ισορροπία στο τι καταναλώνουμε, με αποτέλεσμα πολλές φορές να ξεφεύγουμε από τις σωστές διατροφικές συνήθειες. Όταν, για παράδειγμα, μπορεί κανείς εύκολα να βρει να φάει κάτι στα γρήγορα, να παραγγείλει ή ακόμη και να „μαγειρέψει" ένα τυποποιημένο γεύμα, ολοένα και περισσότερο απομακρύνεται από την ιδέα του να φτιάξει κάτι υγιεινό. Αυτό που τον ενδιαφέρει είναι να χορτάσει την πείνα του με τον πιο απλό και φθηνό τρόπο. Το γρήγορο φαγητό είναι πράγματι μεγάλη ευκολία και κερδίζουμε πολύτιμο χρόνο, που είναι απαραίτητος στις μέρες μας. Γρήγορο, εύκολο και φθηνό μεν, είναι όμως υγιεινό;

Η αλήθεια είναι πως τίποτε δεν αντικαθιστά ένα γεύμα μαγειρεμένο με φρέσκα υλικά. Το να αφιερώνουμε έστω και λίγο χρόνο καθημερινά, για να προφυλάσσουμε την υγεία μας, είναι αξία ανεκτίμητη. Ο αγχωτικός τρόπος ζωής σε συνδυασμό με την απουσία άσκησης και σωστής διατροφής, επιβαρύνει τον οργανισμό μας τόσο σωματικά όσο και ψυχικά. Η παχυσαρκία, αλλά και η έλλειψη πολύτιμων συστατικών από τον οργανισμό μας (σίδηρος, μαγνήσιο, ασβέστιο) προκαλούν διάφορες ασθένειες. Μια ισορροπημένη όμως και πλούσια σε βιταμίνες διατροφή (λαχανικά, φρούτα, όσπρια, δημητριακά), η οποία συνδέεται και με φυσική άσκηση (τρέξιμο, περπάτημα, κολύμβηση, ποδηλασία), θεωρείται η καλύτερη ασπίδα απέναντι σε ασθένειες.

Τι είναι όμως αυτό που οδηγεί το σύγχρονο άνθρωπο να προτιμά το εύκολο και γρήγορο φαγητό, φτωχό σε θερμιδική αξία και πλούσιο σε λίπη; Βασικότερος λόγος θεωρείται η έλλειψη ελεύθερου χρόνου και ο γρήγορος ρυθμός ζωής. Τις περισσότερες ώρες της ημέρας τις αφιερώνουμε στην εργασία μας, με αποτέλεσμα να μας απομένει ελάχιστος χρόνος για μαγείρεμα. Ακόμη και κατά τη διάρκεια του διαλείμματος προτιμά κάποιος να φάει ένα γρήγορο σνακ, ενώ θα μπορούσε να το αντικαταστήσει με ένα πιο υγιεινό γεύμα, όπως μία σαλάτα ή ένα υγιεινό σάντουιτς. Σημαντικό σε όλο αυτό είναι και η απουσία ενός πλήρους πρωινού, το οποίο δε θα πρέπει σε καμία περίπτωση να παραλείπεται, γιατί μας βοηθά να αντιμετωπίσουμε με περισσότερη ενέργεια και διάθεση τη μέρα μας.

Οι διατροφικές συνήθειες μέσα στην οικογένεια αποτελούν εξίσου σημαντικό παράγοντα. Αν, για παράδειγμα, ένα παιδί μεγαλώνει σε μία οικογένεια όπου η μητέρα συνηθίζει να έχει στο ψυγείο και στα ντουλάπια της κουζίνας προϊόντα ανθυγιεινά (σοκολάτες, πατατάκια, μπισκότα), τότε είναι πολύ φυσικό το παιδί να καταναλώνει παρόμοιες τροφές και στο σχολείο.

Το χαμηλό κόστος των έτοιμων προμαγειρεμένων γευμάτων σε σύγκριση με τα αγνά βιολογικά προϊόντα που είναι αντίστοιχα υψηλού κόστους, αναγκάζουν τις αδύναμες οικονομικά οικογένειες να στρέφονται στη φθηνή λύση. Το γεγονός αυτό βέβαια παρατηρείται περισσότερο σε ανεπτυγμένα κράτη όπως η Γερμανία, σε αντίθεση με την Ελλάδα, όπου ακόμη και σήμερα τηρείται η παράδοση στο καθημερινό μαγείρεμα με φρέσκα και υγιεινά υλικά. Διαπιστώνεται επομένως πως η μαγειρική κουλτούρα ενός λαού είναι στενά συνδεδεμένη με την παράδοση και τις συνήθειές της.

Η φράση „είμαστε ό,τι τρώμε" σχετίζεται με τη διατροφική μας πραγματικότητα. Ας μην ξεχνάμε ότι το φαγητό, εκτός από το γεγονός πως είναι απαραίτητο για τον οργανισμό, αποτελεί και μία γευστική απόλαυση. Ας προσπαθήσουμε λοιπόν να κάνουμε τη μουντή καθημερινότητά μας καλύτερη.

(επιμέλεια κειμένου, Σ. Δημοπούλου)

Ερωτήσεις

1. Να αποδώσετε το κείμενο με δικά σας λόγια σε 60 περίπου λέξεις.

2. „Η μαγειρική κουλτούρα ενός λαού είναι στενά συνδεδεμένη με την παράδοση και τις συνήθειές της". Να αναλύσετε με παραδείγματα την παραπάνω φράση.

3. Εξηγήστε με ποιο τρόπο οι διατροφικές συνήθειες συνδέονται με τη σωματική και ψυχική υγεία ενός ατόμου.

Λεξιλογικές ασκήσεις

1. Να συνδέσετε τις λέξεις της αριστερής με τη δεξιά στήλη:

απαραίτητα	ζωής
διατροφικά	διατροφή
ρυθμός	απόλαυση
ανθυγιεινή	συστατικά
γευστική	πρότυπα

2. Για κάθε μία από τις παρακάτω λέξεις να γράψετε και μία αντίθετη: σωστής, πολύτιμης, ακατάλληλα, αδύναμες, υψηλού, υγιεινό, σημαντικό.

3. Από τα παρακάτω ρήματα να σχηματίσετε το αντίστοιχο ουσιαστικό (π.χ. απολαμβάνω = απόλαυση): απασχολώ, καταναλώνω, ισορροπώ, προσπαθώ, συνδέω, τηρώ, παραλείπω, παραδίδω, συνηθίζω.

4. Να συμπληρώσετε τα **ι, η, υ, ει, οι** στις παρακάτω λέξεις: σ – ν – θ – α, τ – ρ – σ – , απασχόλ–σ –, προσπάθ – α, – κονομ – κός, μαγ – ρ – κ –, έλλ – ψ –, ψ – χ – κ –, έτ – μος, – γ – – νός.

Θέματα για συζήτηση

1. Συνέντευξη

Ρόλος Α: Είσαι δημοσιογράφος μιας δημοφιλούς στο ευρύ κοινό τηλεοπτικής εκπομπής για την υγιεινή κουζίνα. Καλεσμένος στην εκπομπή σου είναι επίσης ένας επιχειρηματίας γνωστής αλυσίδας φαστ φουντ. Του κάνεις ερωτήσεις σχετικά με τα υλικά που χρησιμοποιεί στα εστιατόριά του και προσπαθείς να τον πείσεις να υιοθετήσει μια πιο υγιεινή λύση.

Ρόλος Β: Ως επιχειρηματίας της αλυσίδας φαστ φουντ προσφέρεις γρήγορο και φθηνό φαγητό. Προσπαθείς να αντικρούσεις τα επιχειρήματα του δημοσιογράφου, ώστε να τον πείσεις ότι το γρήγορο φαγητό είναι η καλύτερη πρόταση στη σύγχρονη κοινωνία.

2. Περιγραφή-Επιχειρηματολογία-Συζήτηση

Παρατηρήστε προσεκτικά τις παραπάνω εικόνες, εξηγήστε τις διαφορές τους με βάση τη διατροφική αξία που προβάλλουν και επιχειρηματολογήστε για τη σωστή διατροφή των παιδιών στις μέρες μας, καθώς και το ρόλο του σχολείου σε αυτήν. Τέλος, αναφερθείτε στις αιτίες που ο άνθρωπος σήμερα ακολουθεί συγκεκριμένα διατροφικά πρότυπα.

Συμπληρωματικό κείμενο

Διατροφή και αρχαίοι Έλληνες

Οι συνήθειες των αρχαίων Ελλήνων δε βασίζονταν στην ταχύτητα και την εξοικονόμηση χρόνου όπως του σύγχρονου ανθρώπου, αλλά ήταν αποτέλεσμα φροντίδας των αναγκών του σώματος και του πνεύματος. Η διατροφή τους, που αποτελούσε ένα σημαντικό κομμάτι της φιλοσοφικής τους θεώρησης, υπάκουε σε κανόνες που συνδύαζαν την απόλαυση με την ευεξία. Είναι πολύ ενδιαφέρον λοιπόν να γνωρίσουμε πώς φρόντιζαν εκείνοι μια από τις πιο βασικές ανάγκες τους, ακόμα κι αν σήμερα είναι δύσκολο να ακολουθήσουμε κατά γράμμα το διατροφικό τους πρόγραμμα.

Για τους αρχαίους λοιπόν το δείπνο ήταν το βασικό γεύμα της ημέρας και το έτρωγαν μόνο μετά τη δύση του ήλιου. Μάλιστα αυτό το γεύμα ήταν πολύ πλούσιο και συνοδευόταν και από επιδόρπια, που μπορεί να ήταν φρούτα φρέσκα ή ξηρά, κυρίως σύκα, καρύδια, σταφύλια ή γλυκά με μέλι. Το μεσημέρι συνήθιζαν να τρώνε ψάρια, όσπρια, ή πρόχειρα φαγητά όπως ψωμί, τυρί, ελιές, αυγά, ξηρούς καρπούς και φρούτα. Επίσης μια τροφή που ποτέ δεν έλειπε από το τραπέζι τους ήταν το κρέας. Άλλη μια αδυναμία τους ήταν τα θαλασσινά και τα όστρακα, ενώ από τα ψάρια προτιμούσαν τις τσιπούρες, τα μπαρμπούνια, τις σαρδέλες και φημισμένα χέλια της Κωπαΐδας, καθώς και τα παστά ψάρια από τον Ελλήσποντο και τον Εύξεινο Πόντο. Οι τσιπούρες και τα μπαρμπούνια θεωρούνταν κατεξοχήν φαγητό πλουσίων, ενώ οι σαρδέλες ήταν το συνηθισμένο πιάτο των φτωχότερων.

Στο μενού τους θέση είχαν και τα όσπρια, όπως τα φασόλια, οι φακές, τα ρεβίθια, τα μπιζέλια και τα κουκιά σε πουρέ. Ένα από τα εδέσματα που φαίνεται πως αγαπούσαν πολύ, σύμφωνα με τις πηγές, ήταν και τα σαλιγκάρια, που μάλιστα οι Κρητικοί τα έτρωγαν από την εποχή του Μίνωα. Ιδιαίτερη ζήτηση είχαν και τα λαχανικά, τα οποία οι Αθηναίοι καλλιεργούσαν στους κήπους τους, με προτίμηση στους βολβούς, στα μαρούλια, στον αρακά, στις αγκινάρες, στα βλήτα, στο σέλινο, στον άνηθο και το δυόσμο. Από τα πιο αγαπημένα προϊόντα των αρχαίων πάντως ήταν τα αγγούρια και τα σύκα. Κάθε γεύμα φυσικά το συνόδευαν με κρασί και φυσικά το ελαιόλαδο δεν έλειπε ποτέ από το τραπέζι, ειδικά των αρχαίων Αθηναίων που το θεωρούσαν δώρο της θεάς Αθηνάς στην πόλη τους. Σε κάθε περίπτωση οι αρχαίοι ήταν λιτοδίαιτοι, κατανάλωναν μεν μια μεγάλη ποικιλία τροφών, αλλά σε πολύ μικρές ποσότητες. Στόχος του φαγητού ήταν η απόλαυση κι όχι να χορτάσει το στομάχι. Μήπως πρέπει να αρχίσουμε να τους μιμούμαστε;

(άρθρο διασκευασμένο, www.bovary.gr)

Εργασίες-Ερωτήσεις

1. Συντομεύστε το κείμενο που διαβάσατε σε 50 λέξεις.

2. Θεωρείτε πως στην αρχαία Ελλάδα οι διατροφικές συνήθειες ήταν καλύτερες από τις σημερινές; Αιτιολογήστε την άποψή σας.

3. εξοικονόμηση χρόνου, βασικό γεύμα, ποικιλία τροφών, συνηθισμένο πιάτο, αγαπημένα προϊόντα: χρησιμοποιήστε τις φράσεις σε προτάσεις.

4. Να βρείτε τη σωστή λέξη στις παρακάτω προτάσεις:

α. Η διατροφική ……………… (θέση, αξία, άποψη) των φρούτων είναι αναμφίβολη.

β. Ας ……………….. (συνοδεύσουμε, προσθέσουμε, εντάξουμε) το γεύμα μας με μία θρεπτική σαλάτα.

γ. Ο καθένας μας πρέπει σε καθημερινή βάση να …………………… (υιοθετεί, δέχεται, καταναλώνει) σημαντικές ποσότητες λαχανικών.

δ. Το σούσι θεωρείται η ………………… (μοναδική, κατεξοχήν, γνωστή) σπεσιαλιτέ στην ιαπωνική κουζίνα.

Παραγωγή λόγου (διάρκεια 120 λεπτά)

Διατροφή

Το σχολείο σου ετοιμάζει ένα πρότζεκτ για τη σημασία της σωστής διατροφής. Παίρνεις μέρος στο πρότζεκτ με ένα κείμενο 300–350 λέξεων, στο οποίο θα υπάρχει πρόλογος, κυρίως μέρος και επίλογος, γράφοντας τα παρακάτω:

1. **Παρουσίασε** στην αρχή του κειμένου σου,

    - την έννοια της διατροφής
    - τις δικές σου διατροφικές συνήθειες   (4 Μονάδες)

2. **Εξήγησε** ποια είναι η σημασία της διατροφής,

    - στη σωματική
    - και ψυχική υγεία   (10 Μονάδες)

3. **Παρουσίασε** αναλυτικά,

    - τα βασικότερα σημεία του πρότζεκτ σου
    - τι μέσα θα χρησιμοποιήσεις και πώς θα το παρουσιάσεις στο σχολείο σου

                                                             (12 Μονάδες)

4. **Ανάφερε**,

    - δύο πιθανά συμπεράσματα του πρότζεκτ σου

                                                             (4 Μονάδες)

Aufgabenstellung

Ernährung / Essgewohnheiten

Deine Schule bereitet ein Projekt über die Bedeutung einer gesunden Ernährung vor. Du nimmst an dem Projekt teil. Verfasse einen Text mit Einleitung, Hauptteil und Schluss. Schreibe mindestens 300–350 Wörter.

1. **Erläutere** zu Beginn deines Textes,

- den Begriff „Ernährung"
- deine eigenen Essgewohnheiten   (4 Punkte)

2. **Erkläre** die Wichtigkeit einer gesunden Ernährung,

- körperlich
- psychisch   (10 Punkte)

3. **Stelle** ausführlich **dar**,

- die wichtigsten Punkte deines Projekts
- welche Mittel du benutzen möchtest und wie du dein Projekt präsentieren wirst

                                                                  (12 Punkte)

4. **Nenne**,

- zwei mögliche Schlussfolgerungen deines Projekts

                                                                  (4 Punkte)

Ενότητα 4: Φιλία - Σχέσεις των δύο φύλων

Διδακτικοί στόχοι:

- Έννοια της φιλίας
- Αξία αληθινών προσωπικών σχέσεων
- Κατανόηση της σημασίας της απόκτησης φίλων
- Κατανόηση της σημασίας στις σχέσεις των δύο φύλων
- Κατανόηση της έννοιας της συντροφικότητας
- Σύνδεση της φιλίας με υψηλές αξίες
- Χαρακτηριστικά μιας καλής φιλίας
- Πρότυπα υγιούς φιλίας
- Κριτήρια επιλογής φίλης/ου/συντρόφου
- Η φιλία ως πνευματικό και ηθικό αγαθό και ανθρώπινη ανάγκη

Λεξιλόγιο

- Φιλία / φίλος / φίλη / φίλοι
- Φιλικός δεσμός / Συντροφικότητα – Κατανόηση / υπομονή
- Αδερφική / πραγματική / ανιδιοτελής φιλία
- Συμφεροντολογική / ιδιοτελής φιλία / λυκοφιλία
- Αγάπη / εμπιστοσύνη / εχεμύθεια / ειλικρίνεια
- Ανεκτίμητη αξία
- Σχέσεις των δύο φύλων
- Φιλία ανάμεσα σε αγόρι / κορίτσι
- Φιλία στο οικογενειακό περιβάλλον

Κείμενο για επεξεργασία

Φίλοι και…. „Φίλοι"

«Δέξου σε παρακαλώ το αίτημα φιλίας μου!». «Να γίνουμε φίλοι στο φέισμπουκ;».
«Να σε ακολουθήσω στο ίνσταγκραμ;». «Να **συνομιλούμε** διαδικτυακά;». Αυτές και
άλλες πολλές είναι μερικές από τις πλέον συνηθισμένες εκφράσεις που καθημερινά
χρησιμοποιεί η νεολαία. Φιλίες που ξεπηδούν μέσα από μία πλατφόρμα κοινωνικής
δικτύωσης και τον καναπέ του σπιτιού μας χωρίς κόπο και χρόνο. Μέσα σε λίγα λεπτά
δεχόμαστε αιτήματα „φιλίας" και **μεγαλώνει** ο αριθμός των εικονικών μας φίλων,
πολλούς από τους οποίους δε γνωρίζουμε και που τους περισσότερους από αυτούς,
δεν έχουμε συναντήσει ποτέ στη ζωή μας.

Καθημερινά **γινόμαστε αποδέκτες** σχολίων θαυμασμού και κολακείας από τους
διαδικτυακούς μας φίλους και αξιολογούμε τις σχέσεις από τον αριθμό των λάικς. Με

την ίδια ευκολία που δεχόμαστε ένα αίτημα φιλίας, με την ίδια ακριβώς ευκολία μπορούμε απλώς πατώντας ένα κουμπί να το διαγράψουμε. Μπορεί βέβαια οι νέοι τρόποι **επικοινωνίας** να μας έφεραν κοντά σε πρόσωπα του παρελθόντος, όπως παιδικές, σχολικές ή φοιτητικές φιλίες που τις είχαμε χάσει, αλλά αυτό δε σημαίνει ότι στην πραγματικότητα τις ξαναβρήκαμε. Στον **απέραντο** ψηφιακό κόσμο μπορούμε να έχουμε φιλίες σε όλα τα μήκη και πλάτη της γης. Κατά πόσο όμως έχουν αντικαταστήσει τον ουσιαστικό και ειλικρινή διάλογο; Πώς ένα άψυχο μήνυμα (ακόμη και αν συνοδεύεται από καρδούλες και εκφράσεις συμπαράστασης) μπορεί να αντικαταστήσει μια αγκαλιά, ένα ζεστό χαμόγελο και λόγια παρηγοριάς;

Δε θα ήταν δυνατό στο σημείο αυτό να μην αναφερθούμε στην έννοια της φιλίας στα **προηγούμενα χρόνια**, όπου η λέξη φίλος ήταν ιερή. Οι άνθρωποι τότε δένονταν με πραγματικούς δεσμούς και η επικοινωνία τους ήταν άμεση. Παρέες, συζητήσεις και σχέσεις μεταξύ των δύο φύλων ήταν στα ενδιαφέροντά τους. Δεν ήταν **απαραίτητο** κάποιος να μοιραζόταν με το φίλο του τις ίδιες απόψεις και να είχε ακριβώς τα ίδια ενδιαφέροντα με αυτόν, αλλά υπήρχαν κοινά βιώματα, καθημερινές ανησυχίες και έγνοιες που τους οδηγούσαν σε δεσμούς ζωής.

Κάθε άνθρωπος μπορεί να έχει πολλούς και διαφορετικούς φίλους ανεξαρτήτως φύλου, ηλικιακής ομάδας, εθνικότητας ή σεξουαλικών προτιμήσεων. Η αλήθεια είναι όμως ότι επιστήθιοι φίλοι είναι ένας ή το πολύ δύο στη ζωή μας. **Πρωταρχικό** κριτήριο επιλογής ενός φίλου είναι φυσικά η εμπιστοσύνη που μας δείχνει και του δείχνουμε, η ειλικρίνεια, ο αλληλοσεβασμός, η κατανόηση και η εχεμύθεια. Μπορούμε δηλαδή να του εμπιστευθούμε όλα τα μυστικά και τις ανησυχίες μας, να τον στηρίζουμε αλλά και να μας στηρίζει σε μια δύσκολη στιγμή.

Στη σημερινή όμως κοινωνία πολλές φιλίες **δημιουργούνται** με βάση το χρήμα και το συμφέρον. Υπάρχουν άνθρωποι που επιλέγουν φίλους με σκοπό να ωφεληθούν από αυτούς είτε με την προσωπική τους προβολή, είτε έχοντας υλικά οφέλη. Οι φιλίες αυτές όμως δεν αντέχουν στο χρόνο. Όταν κάποιος περιβάλλεται από άτομα που θέλουν να κλέψουν κάτι από τη λάμψη του, σε μια δύσκολη περίσταση θα **του γυρίσουν την πλάτη**.

Η δημιουργία μιας σωστής φιλίας είναι μεγάλης σημασίας και αποτελεί ανθρώπινη ανάγκη. Βασικά είναι ψυχική και πνευματική επικοινωνία ανάμεσα στα άτομα, μέσω της οποίας ολοκληρώνεται η προσωπικότητά τους. Πολλές φορές βέβαια μέσα από τους φίλους μπορεί κάποιος να επηρεαστεί αρνητικά ή ακόμη και καταστροφικά. Ο πραγματικός όμως φίλος είναι συνοδοιπόρος στη ζωή και ποτέ δεν έχει σκοπό να **βλάψει** τον άλλον. Η φιλία, επίσης, ενισχύει τη συνεργασία, το διάλογο, την αλληλοκατανόηση και αλληλοβοήθεια τόσο στο εργασιακό, όσο και στο κοινωνικό περιβάλλον.

Η φιλία αποτελεί σπουδαίο αγαθό που **οφείλουμε** να διαφυλάξουμε, ώστε να μπορέσουμε να γίνουμε καλύτεροι άνθρωποι σε μία εποχή που όλα έχουν αλλάξει. Ας μην επηρεαζόμαστε από πρόσκαιρες και εφήμερες φιλίες και ας επικεντρωθούμε στην ουσία: να γνωρίσουμε καλύτερα τον εαυτό μας μέσα από τους φίλους μας.

(επιμέλεια κειμένου, Σ. Δημοπούλου)

Ερωτήσεις

1. Να πείτε το κείμενο με δικά σας λόγια σε έναν προφορικό λόγο που δε θα ξεπερνά τα 3 λεπτά.

2. Αναφερθείτε με παραδείγματα στο περιεχόμενο της πέμπτης παραγράφου (προφορικά).

3. Πώς αντιλαμβάνεστε το νόημα της τελευταίας παραγράφου; Να την αναπτύξετε γραπτώς σε περίπου 60 λέξεις.

Λεξιλογικές ασκήσεις

1. συνομιλούμε, επικοινωνίας, προβολή, αποβλέπουν, αποδέκτες, παραλειφθεί: να σχηματίσετε από δύο νέες λέξεις (απλές ή σύνθετες) με το β΄ συνθετικό των παραπάνω λέξεων.

2. φίλος: να σχηματίσετε όσο το δυνατό περισσότερες λέξεις που να έχουν ως α΄ συνθετικό τη λέξη φίλος, π.χ. φιλάνθρωπος.

3. Να αντικαταστήσετε τις λέξεις και φράσεις του κειμένου που είναι με έντονα γράμματα με αντίστοιχες ίδιας σημασίας, ώστε να μην αλλάζει το νόημα.

Θέματα για δημιουργική γραφή

1. Να περιγράψετε τον καλύτερό σας φίλο/την καλύτερή σας φίλη και να αναφερθείτε σε ένα περιστατικό που συνέβη ανάμεσά σας και αποδεικνύει πόσο δυνατή είναι η φιλία σας.

2. Να αναλύσετε τα κριτήρια επιλογής ενός φίλου γενικότερα, αλλά και με βάση τις δικές σας εμπειρίες.

3. Υποθέστε πως συμβαίνει μία παρεξήγηση ανάμεσα σε σας και τη φίλη ή το φίλο σας. Η παρεξήγηση αυτή οδήγησε σε καβγά, με αποτέλεσμα να διακόψετε την επικοινωνία μαζί της/του. Πώς θα αντιδρούσατε και πώς θα λύνατε το πρόβλημα; Αναπτύξτε τη θέση σας σε 80-100 λέξεις περίπου.

Συμπληρωματικό κείμενο για τη φιλία

Ο Μικρός Πρίγκηπας (Αντουάν ντε Σαιντ-Εξυπερύ, Ο Μικρός Πρίγκηπας, μτφρ. Μελίνα Καρακώστα, εκδ. Πατάκη, 2000, απόσπασμα)

– Έλα να παίξεις μαζί μου, της πρότεινε ο μικρός πρίγκιπας. Είμαι τόσο λυπημένος...

– Δεν μπορώ να παίξω μαζί σου, είπε η αλεπού. Δεν είμαι εξημερωμένη.

– Α, συγγνώμη, είπε ο μικρός πρίγκιπας. Όμως, ύστερα από σκέψη, πρόσθεσε:

– Τι πάει να πει «εξημερώνω;».

– Εσύ δεν είσαι από εδώ, είπε η αλεπού, τι γυρεύεις;

– Γυρεύω τους ανθρώπους, είπε ο μικρός πρίγκιπας. Τι πάει να πει «εξημερώνω;».

– Οι άνθρωποι, είπε η αλεπού, έχουν τουφέκια και κυνηγάνε... Μεγάλος μπελάς. Εκτρέφουν και κότες. Είναι το μόνο τους καλό. Κότες γυρεύεις;

– Όχι, είπε ο μικρός πρίγκιπας. Γυρεύω φίλους. Τι πάει να πει «εξημερώνω;».

– Είναι κάτι που έχει ξεχαστεί από καιρό, είπε η αλεπού. Σημαίνει «δημιουργώ δεσμούς...».

– Δημιουργώ δεσμούς;

– Βέβαια, είπε η αλεπού. Για μένα ακόμα δεν είσαι παρά ένα αγοράκι ολόιδιο μ' άλλα εκατό χιλιάδες αγοράκια. Και δε σε χρειάζομαι. Κι ούτε εσύ με χρειάζεσαι. Για σένα δεν είμαι παρά μια αλεπού ίδια μ' εκατό χιλιάδες άλλες αλεπούδες. Αν όμως μ' εξημερώσεις, θα χρειαζόμαστε ο ένας τον άλλο. Θα είσαι για μένα μοναδικός στον κόσμο, θα είμαι για σένα μοναδική στον κόσμο...

– Αρχίζω να καταλαβαίνω, είπε ο μικρός πρίγκιπας. Ξέρω ένα λουλούδι... νομίζω πως μ' εξημέρωσε...

– Πολύ πιθανόν, είπε η αλεπού. Βλέπει κανείς στη Γη τα πιο τρελά πράματα...

– Α, δεν είναι στη Γη, είπε ο μικρός πρίγκιπας. Η αλεπού φάνηκε πολύ παραξενεμένη:

– Σ' έναν άλλο πλανήτη;

– Ναι.

– Υπάρχουν κυνηγοί σ' εκείνο τον πλανήτη;

– Όχι.

– Ενδιαφέρον. Και κότες;

– Όχι.

– Τίποτα δεν είναι τέλειο, αναστέναξε η αλεπού. Όμως η αλεπού ξαναγύρισε στην προηγούμενη σκέψη της:

– Η ζωή μου είναι μονότονη. Κυνηγάω κότες, οι άνθρωποι με κυνηγάν. Όλες οι κότες μοιάζουν κι όλοι οι άνθρωποι μοιάζουν. Γι' αυτό λοιπόν, βαριέμαι λίγο. Αν όμως μ' εξημερώσεις, η ζωή μου θα γίνει ηλιόλουστη, θ' αναγνωρίζω το θόρυβο ενός βήματος διαφορετικού απ' όλα τ' άλλα. Τα άλλα βήματα θα με κάνουν να κρύβομαι κάτω απ' τη γη. Το δικό σου, σαν μουσική, θα με τραβάει έξω απ' τη φωλιά μου. Κι έπειτα κοίτα. Βλέπεις εκεί πέρα, τα χωράφια με το στάρι; Δεν τρώω ψωμί. Το στάρι για μένα είναι άχρηστο. Τα χωράφια με το στάρι δε μου θυμίζουν τίποτα. Κι αυτό είναι λυπηρό. Όμως εσύ έχεις μαλλιά χρυσαφένια. Θα είναι υπέροχο λοιπόν όταν θα με έχεις εξημερώσει. Το στάρι, που είναι χρυσαφένιο, θα μου θυμίζει εσένα. Και θα μ' αρέσει ν' ακούω τον άνεμο μέσα στα στάχυα... Η αλεπού σώπασε και κοίταξε ώρα πολλή το μικρό πρίγκιπα:

– Σε παρακαλώ... εξημέρωσε με, είπε.

– Το θέλω, απάντησε ο μικρός πρίγκιπας, αλλά δεν έχω πολύ χρόνο. Έχω ν' ανακαλύψω φίλους και πολλά πράματα να γνωρίσω.

– Γνωρίζουμε μονάχα τα πράματα που εξημερώνουμε, είπε η αλεπού. Οι άνθρωποι δεν έχουν πια καιρό να γνωρίζουν τίποτα. Τ' αγοράζουν όλα έτοιμα απ' τους εμπόρους. Επειδή όμως δεν υπάρχουν έμποροι που να πουλάν φίλους, οι άνθρωποι δεν έχουν πια φίλους. Αν θέλεις ένα φίλο, εξημέρωσέ με.

Εργασία: Συζητήστε στην τάξη την ιδιόμορφη σχέση ανθρώπου και ζώου και εξηγήστε τη φιλία όπως προκύπτει μέσα από το απόσπασμα. Πιστεύετε πως οι απόψεις για τη φιλία, έτσι όπως προβάλλονται, είναι διαχρονικές;

Θέματα για συζήτηση

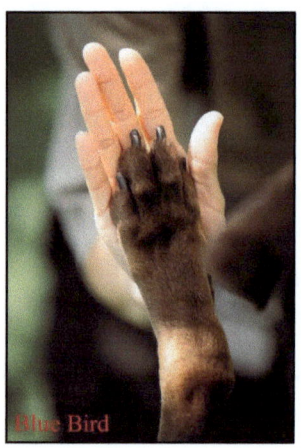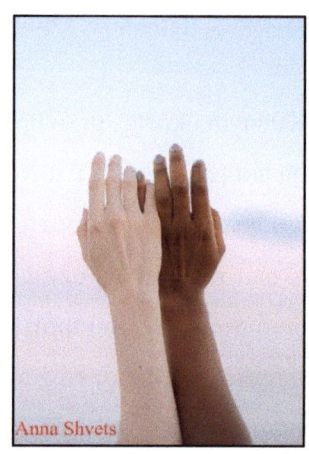

- Να συζητήσετε μέσα στην τάξη τις διαφορετικές μορφές φιλίας σύμφωνα με τις παραπάνω εικόνες και να αναφερθείτε στα πλεονεκτήματα που έχει κάθε μία από αυτές. Τι το διαφορετικό παρατηρείτε; Θα μπορούσατε να ταυτιστείτε με κάποια και γιατί;

- Πιστεύετε ότι μπορεί να αναπτυχθεί πραγματική φιλία ανάμεσα σε ένα αγόρι και ένα κορίτσι; Αναπτύξτε την άποψή σας με βάση τις προσωπικές εμπειρίες σας. Θεωρείτε πως όσο μεγαλώνει ο άνθρωπος δυσκολεύεται να κάνει φίλους; Αν ναι, πώς δικαιολογείται;

Ενότητα 5: Επάγγελμα – επαγγελματικός προσανατολισμός

Διδακτικοί στόχοι:

- Κατανόηση της σημασίας του επαγγέλματος
- Διάκριση των εννοιών επάγγελμα-εργασία-απασχόληση
- Κατανόηση της σημασίας του επαγγελματικού προσανατολισμού
- Γνωριμία με την αγορά εργασίας
- Συνέπειες της ανεργίας
- Γνωριμία με τα επαγγέλματα
- Διάκριση των επαγγελμάτων (χειρωνακτικά – πνευματικά)
- Ανδρικά και γυναικεία επαγγέλματα (;)
- Κοινωνική καταξίωση μέσω του επαγγέλματος
- Κοινωνικοποίηση
- Κριτήρια επιλογής επαγγέλματος

Λεξιλόγιο

- Επάγγελμα
- Επαγγελματικός προσανατολισμός
- Εργασία
- Απασχόληση
- Ανεργία
- Κριτήρια επιλογής
- Ταλέντο / κλίσεις / προσόντα / δεξιότητες / ενδιαφέροντα / καριέρα
- Υπάλληλος / απασχολούμενος / άνεργος / ελεύθερος επαγγελματίας
- Εξειδίκευση
- Οικονομικές απολαβές / σταθερό περιβάλλον / εργασιακό κλίμα

Κείμενο για επεξεργασία

Επάγγελμα

Ένα από τα βασικότερα προβλήματα που απασχολεί τους νέους στη σημερινή εποχή είναι η σωστή επιλογή επαγγέλματος. Ο νέος αποφασίζει συνήθως νωρίς ποια θα είναι η επαγγελματική του πορεία που θα καθορίσει σε μεγάλο βαθμό το μέλλον και τη ζωή του. Πολύς λόγος γίνεται επίσης και για το σωστό επαγγελματικό προσανατολισμό, ο οποίος είναι σημαντικός για τις αποφάσεις του ατόμου σχετικά με το επάγγελμα.

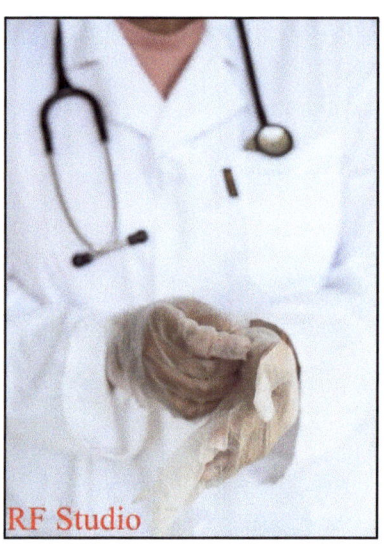 

Το μάθημα, επομένως, του επαγγελματικού προσανατολισμού είναι απαραίτητο στα σχολεία, ώστε ο μαθητής να έρθει σε μια πρώτη επαφή με διάφορα επαγγέλματα που ίσως τον ενδιαφέρουν. Εκτός από αυτό, σημαντική κρίνεται και η πρακτική εξάσκηση, προκειμένου να δει από κοντά τη συγκεκριμένη εργασία, για να μπορέσει ευκολότερα να αποφασίσει αν του ταιριάζει ή όχι.

Τα κριτήρια με βάση τα οποία καλείται κάποιος να αποφασίσει για την επιλογή του επαγγέλματος είναι ποικίλα. Το σημαντικότερο κριτήριο είναι η οικονομική σταθερότητα και γενικότερα η σταθερότητα που προσφέρει το επάγγελμα. Τέτοιου είδους θεωρούνται όλα όσα έχουν να κάνουν με την εκπαίδευση (δάσκαλος, καθηγητής), αλλά και γενικότερα με το δημόσιο τομέα. Το ωράριο, ο ελεύθερος χρόνος, καθώς και το εργασιακό περιβάλλον, αποτελούν σημαντικούς παράγοντες επιλογής. Πολλοί λοιπόν επιλέγουν επαγγέλματα, στα οποία υπάρχει σταθερό ωράριο και ένα ευχάριστο περιβάλλον (π.χ. τραπεζικός υπάλληλος). Τα ταλέντα και οι κλίσεις του ατόμου οδηγούν επίσης κάποιον σε ανάλογες επιλογές. Για παράδειγμα, η κλίση στη μουσική, στο χορό, στη ζωγραφική ή στο τραγούδι είναι ταλέντα που δεν πρέπει να μένουν ανεκμετάλλευτα και μπορούν κάποιοι να τα ακολουθήσουν με επιτυχία.

Τα σύγχρονα πρότυπα παίζουν επίσης σημαντικό ρόλο και επηρεάζουν τις αποφάσεις ενός νέου. Τα πολλά χρήματα και ο εύκολος πλουτισμός μέσω συγκεκριμένων επαγγελμάτων (ποδοσφαιριστής, μοντέλο, ινφλουένσερ) αποτελούν σήμερα επαγγελματικά πρότυπα για πολλές και πολλούς, που στοχεύουν όχι μόνο στα πολλά χρήματα, αλλά και στην κοινωνική προβολή και αναγνωρισιμότητα.

Βέβαια, η σκληρή πραγματικότητα επιβάλλει τις περισσότερες φορές να επιλέγουμε ένα επάγγελμα από ανάγκη. Το γεγονός αυτό έχει ως αποτέλεσμα να είμαστε δυστυχισμένοι και να πηγαίνουμε με απροθυμία στη δουλειά μας. Εκτός από αυτό, νιώθουμε απογοήτευση και θλίψη, γεγονός που μας οδηγεί στην κατάθλιψη.

Παρόλα αυτά, η αξία της εργασίας και τα οφέλη είναι σημαντικά τόσο για τον άνθρωπο όσο και για την κοινωνία. Η εξασφάλιση των ειδών πρώτης ανάγκης (τροφή, ενδυμασία, κατοικία) αποτελεί βασικό σκοπό της εργασίας. Τα χρήματα που κερδίζει κάποιος μέσα από αυτήν, τον βοηθούν είτε να αυτοσυντηρηθεί, είτε να συντηρήσει την οικογένειά του είτε φυσικά να ζει μια άνετη ζωή. Η κοινωνικοποίηση αποτελεί επίσης σημαντική αξία της εργασίας, εφόσον το άτομο με το που αρχίζει να εργάζεται, κοινωνικοποιείται, συνεργάζεται και προσφέρει στο κοινωνικό σύνολο. Τέλος, πολύ ουσιαστικός είναι ο σεβασμός και η αποδοχή που έχει από την κοινωνία ο εργαζόμενος, ο οποίος και νιώθει σημαντικό κομμάτι της μέσα από την εργασία του.

Όταν το επάγγελμα που ασκεί κάποιος ικανοποιεί τις προσωπικές του επιθυμίες, τότε νιώθει ικανοποίηση, προσωπική ευχαρίστηση και συναισθηματική ολοκλήρωση. Νιώθει δημιουργικός και χρήσιμος στην κοινωνία και μπορεί να αναγνωρίσει τις δυνατότητες και ικανότητές του. Η άσκηση επαγγέλματος αποτελεί δικαίωμα κάθε ανθρώπου. Όλοι έχουν δικαίωμα στην εργασία. Μόνον έτσι υπάρχει προσωπική ευημερία, πρόοδος και βέβαια συλλογικό όφελος. Ένα κράτος προοδεύει, αν τα μέλη του εργάζονται και συνεισφέρουν στο γενικό και ατομικό συμφέρον και ο άνθρωπος προοδεύει μόνον μέσα από την εργασία.

(επιμέλεια κειμένου, Σ. Δημοπούλου)

Ερωτήσεις

1. Να εξηγήσετε τις έννοιες επάγγελμα, εργασία, απασχόληση και να τονίσετε μέσα από δικές σας προτάσεις τη σημασία τους.

2. Άνεργος είναι μόνο αυτός που δε θέλει να δουλέψει. Συμφωνείτε με αυτή την πρόταση;

3. α) Ο καθένας είναι ικανός να ασκήσει μόνο ένα επάγγελμα

   β) Όλοι είναι ικανοί για όλα τα επαγγέλματα

   γ) Ο καθένας είναι ικανός για ορισμένα επαγγέλματα.

Να επιλέξετε την άποψη που εσείς θεωρείτε σωστή και να την αιτιολογήσετε.

Λεξιλογικές ασκήσεις

1. Για τις παρακάτω λέξεις να γράψετε και από μία αντίθετη: σωστό, εύκολος, ευχάριστο, συγκεκριμένων, αποδοχή, συλλογικό, πρόοδος.

2. Να γίνει αντιστοίχιση στα ζευγάρια των λέξεων:

δημόσιος	περιβάλλον
επαγγελματική	συμφέρον
εργασιακό	χρημάτων
συλλογικό	τομέας
προσωπική	πρόοδος
απόκτηση	επιτυχία

3. Να γράψετε πλαγιότιτλους στην πρώτη, τρίτη, πέμπτη και τελευταία παράγραφο του κειμένου.

4. Να μεταφέρετε τα παρακάτω ζευγάρια στον αντίθετο αριθμό: επαγγελματικού προσανατολισμού, συγκεκριμένη εργασία, ανθρώπινο δικαίωμα, ατομικό συμφέρον, συλλογικό όφελος, σωστή επιλογή.

Θέματα δημιουργικού λόγου

 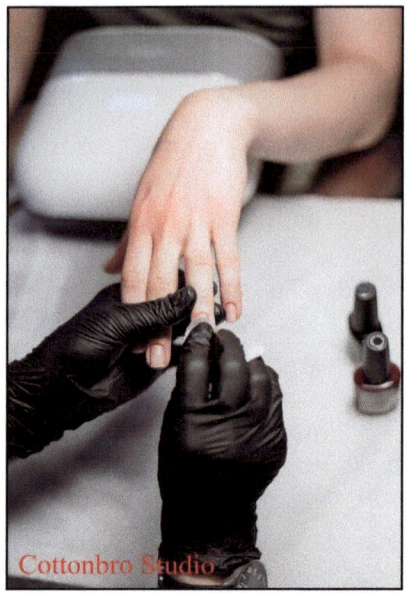

1. Με βάση τις παραπάνω εικόνες, να αναφερθείτε μέσα από ομαδική συζήτηση στα διάφορα επαγγέλματα που επιλέγουν οι νέοι, καθώς και στο αν υπάρχει κοινωνική διάκριση με βάση το επάγγελμα που ασκεί κάποιος. Πιστεύετε πως το επάγγελμα φτιάχνει τον άνθρωπο; Θεωρείτε πως επηρεάζει τη συμπεριφορά και το χαρακτήρα μας στις διαπροσωπικές μας σχέσεις;

2. Πιστεύετε ότι στην εποχή μας μπορούμε να μιλάμε για ανδρικά και γυναικεία επαγγέλματα; Πώς εξηγείται το γεγονός ότι πολλά επαγγέλματα έχουν εξαφανιστεί; Με τη βοήθεια της / του εκπαιδευτικού ή του διαδικτύου να ψάξετε επαγγέλματα του παρελθόντος που πλέον δεν υπάρχουν.

Παραγωγή λόγου (διάρκεια 90 λεπτά)

Στο σχολείο σου ετοιμάζεσαι για την πρακτική εξάσκηση σε ένα επάγγελμα που έχεις επιλέξει. Σε ένα κείμενο 200–250 λέξεων με πρόλογο, κυρίως θέμα και επίλογο, να γράψεις τα παρακάτω:

1. Η πρακτική εξάσκηση σε ένα επάγγελμα είναι πολύ σημαντική για τις μαθήτριες και τους μαθητές. Να εξηγήσεις τους λόγους.

(6 Μονάδες)

2. Να αναφερθείς στη δική σου πρακτική εξάσκηση και να περιγράψεις μία μέρα σου εκεί. (10 Μονάδες)

3. Θεωρείς πως σου ταίριαζε αυτό που επέλεξες; Αν ναι γιατί; Αν όχι γιατί;

(10 Μονάδες)

4. Ποιο θεωρείς το κατάλληλο επάγγελμα για σένα;

(4 Μονάδες)

Aufgabenstellung (EESA Prüfung)

In deiner Schule bereitest du dich auf die praktische Ausbildung in deinem gewählten Beruf vor. Verfasse einen Text von mind. 200–250 Wörtern mit Einleitung, Hauptteil und Schluss:

1. Erkläre, warum das Berufspraktikum für die Schüler*innen sehr wichtig ist.

(6 Punkte)

2. Schreibe über deine Erfahrung und den Ablauf eines Praktikumstages.

(10 Punkte)

3. Glaubst du, dass deine Wahl die richtige war? Nenne die Gründe.

(10 Punkte)

4. Welcher Beruf deiner Meinung nach ist für dich der passende?

(4 Punkte)

Ενότητα 6: Ψυχαγωγία – ελεύθερος χρόνος

Διδακτικοί στόχοι:

- Διάκριση ανάμεσα στις έννοιες ψυχαγωγία και διασκέδαση
- Σημασία της ψυχαγωγίας στον άνθρωπο
- Τρόποι ψυχαγωγίας
- Κατανόηση της έννοιας ελεύθερος χρόνος
- Σημασία του ελεύθερου χρόνου στον άνθρωπο
- Σωματική, ηθική και ψυχική καλλιέργεια μέσω της ψυχαγωγίας
- Καλή και κακή ψυχαγωγία
- Γνωριμία με τον τρόπο που ψυχαγωγείται ένας λαός
- Καλλιέργεια της παιδείας μέσω της υγιούς ψυχαγωγίας
- Σύγκριση με παλαιότερα και σημερινά πρότυπα ψυχαγωγίας

Λεξιλόγιο

- ψυχαγωγία και μορφές της
- διασκέδαση
- ηθική, πνευματική, πολιτιστική καλλιέργεια
- αλλοίωση του τρόπου ψυχαγωγίας
- δραστηριότητες, θεάματα, αθλητισμός, ταξίδια
- δημιουργική αξιοποίηση ελεύθερου χρόνου
- γνήσια και νόθα ψυχαγωγία
- αρετές της καλής ψυχαγωγίας
- παράγοντες επιρροής των επιλογών του ατόμου

Κείμενο για επεξεργασία

Ψυχαγωγία ή διασκέδαση;

Αν γυρίσει κανείς το χρόνο πίσω, αρκετές δεκαετίες πριν οι άνθρωποι ψυχαγωγούνταν εντελώς διαφορετικά σε σχέση με σήμερα. Οικογενειακές κυριακάτικες συγκεντρώσεις, βόλτες στη φύση, κινηματογράφος, θέατρο ήταν οι πιο συνηθισμένες μορφές ψυχαγωγίας. Με το πέρασμα των χρόνων και την εξέλιξη των κοινωνιών, υπήρξαν και αλλαγές στον τρόπο αξιοποίησης του ελεύθερου χρόνου. Η αλλαγή των προτύπων στη βιομηχανία της διασκέδασης άλλαξε και τον τρόπο που ο καθένας μας ψυχαγωγείται.

Προτού αναλυθούν οι αιτίες που οδήγησαν σε αυτή την αλλαγή, καλό θα ήταν να γνωρίσουμε τις έννοιες διασκέδαση και ψυχαγωγία. Η έννοια της διασκέδασης είναι συνήθως αρνητική, εφόσον αναφερόμαστε σε έναν διασκορπισμό του σώματος και της ψυχής μέσα από τον ξέφρενο χορό, τη δυνατή μουσική, τη χρήση απαγορευμένων ουσιών και αλκοολούχων ποτών, αλλά και τα θεάματα που προσφέρουν μόνο προσωρινή ευχαρίστηση.

Σε αντίθεση, η έννοια της ψυχαγωγίας περιλαμβάνει την καλλιέργεια (αγωγή) της ψυχής, δηλαδή την καλλιέργεια του πνεύματος και την ψυχική ικανοποίηση. Ένα ωραίο ταξίδι, μια καλή θεατρική παράσταση, αθλητικές δραστηριότητες, η ανάγνωση ενός καλού βιβλίου ή η παρακολούθηση μιας καλής ταινίας, μας προσφέρουν απόλαυση που μένει για καιρό στη μνήμη μας.

Ποικίλες είναι οι αιτίες που η έννοια της ψυχαγωγίας έχει αλλάξει και συνδέονται κυρίως με την τεχνολογική εξέλιξη. Η τεχνολογία επέφερε στη ζωή μας διαφορετικά πρότυπα,- συνήθως λανθασμένα-, στο είδος της ψυχαγωγίας. Τα μέσα κοινωνικής δικτύωσης (social Media) έχουν κυριεύσει τη ζωή μας και επειδή στοχεύουν στο κέρδος, προβάλλουν και ανάλογα ψυχαγωγικά πρότυπα, τα οποία εύκολα παρασύρουν τους νέους. Η ψηφιακή μορφή ψυχαγωγίας μέσω των ηλεκτρονικών παιχνιδιών και των διαδικτυακών συζητήσεων δε βελτιώνει ούτε το πνεύμα ούτε την ψυχή του ατόμου, όπως επίσης και οι κάθε είδους εξαρτήσεις και καταχρήσεις.

Εκτός από τον ψηφιακό κόσμο, η εμπορευματοποίηση του ελεύθερου χρόνου με σκοπό το κέρδος, αποτελεί σημαντικό παράγοντα που η ψυχαγωγία σήμερα έχει αλλάξει πρόσωπο. Έτσι, ο ελεύθερος χρόνος, ειδικά στους έφηβους λόγω των σχολικών και εξωσχολικών δραστηριοτήτων τους, είναι πολύ περιορισμένος. Αντί να τον αξιοποιούν δημιουργικά, προτιμούν να ασχολούνται με το προφίλ τους στα μέσα κοινωνικής δικτύωσης, να ξοδεύουν τα χρήματά τους σε προσωρινές απολαύσεις και να δημιουργούν ψεύτικες φιλίες. Η επίδραση που ασκεί επάνω τους η ραπ και τραπ μουσική, η οποία προσπαθεί να τους μεταφέρει έναν ιδανικό τρόπο ζωής, όπου επικρατεί το χρήμα, οι όμορφες γυναίκες και τα γρήγορα αυτοκίνητα, είναι πλέον μόδα.

Συνέπεια όλων των παραπάνω είναι ο έφηβος να στρέφεται στον εαυτό του και να απομακρύνεται από τους γύρω του. Ακόμη και όταν συναντιέται με φίλους τον απορροφά το κινητό του, αντί να φροντίζει να έρχεται πιο κοντά στην παρέα του και να συζητάει διάφορα θέματα που τον απασχολούν. Την ίδια συμπεριφορά έχει και στο σπίτι του, αφού συνήθως απομονώνεται από τα υπόλοιπα μέλη της οικογένειας. Εξίσου σημαντική συνέπεια είναι ότι με την αλλοίωση της ψυχαγωγίας δεν προοδεύει ο πολιτισμός μιας χώρας. Η μαζική αυτή κουλτούρα οδηγεί στην ομοιομορφία, του να φαίνονται δηλαδή όλα ίδια. Παντού βλέπει κανείς να ξεπηδούν μαγαζιά με το ίδιο ύφος διασκέδασης και την ίδια μουσική.

Οι υγιείς και σωστές μορφές ψυχαγωγίας που επιλέγει κανείς τον βοηθούν στο να έχει μία εξίσου υγιή κοινωνική ζωή και να αξιοποιεί προς όφελός του τον ελεύθερο χρόνο του. Έτσι, ο άνθρωπος μπορεί να διώξει το άγχος της καθημερινότητας, να έρθει σε επαφή με άτομα που θα μπορεί να ανταλλάξει απόψεις, να αξιοποιήσει πιθανά ταλέντα του, να ανακαλύψει την ομορφιά της φύσης, κ.ά. Σε όλα τα παραπάνω σημαντική είναι η συμβολή της οικογένειας, του σχολείου, αλλά και της σωστής παρέας. Μόνο μέσα από την υγιή ψυχαγωγία ο άνθρωπος ανακαλύπτει τον εαυτό του και γίνεται καλύτερος.

(επιμέλεια κειμένου, Σ. Δημοπούλου)

Ερωτήσεις

1. Εξηγήστε μέσα από δικά σας παραδείγματα τις έννοιες ψυχαγωγία και διασκέδαση. Συμφωνείτε με το διαχωρισμό;

2. Πώς καταλαβαίνετε το νόημα της τελευταίας παραγράφου;

3. Θεωρείτε πως η κουλτούρα ενός λαού συνδέεται με τον τρόπο που ψυχαγωγείται, και αν ναι πώς;

Λεξιλογικές ασκήσεις

1. ψυχαγωγία: να γράψετε για κάθε ένα συνθετικό της λέξης (ψυχή και άγω) από πέντε νέες λέξεις απλές ή σύνθετες.

2. Να μεταφέρετε τα παρακάτω στον αντίθετο αριθμό:

οι συνηθισμένες μορφές

διαδικτυακών συζητήσεων

τη δυνατή μουσική

των ηλεκτρονικών παιχνιδιών

αθλητικές δραστηριότητες

3. παρέα, καθημερινότητα, ανακαλύπτει, ψυχαγωγία, διασκέδαση: να γράψετε προτάσεις με τις λέξεις χρησιμοποιώντας τις σε οποιονδήποτε γραμματικό τύπο.

4. Να μεταφέρετε τα παρακάτω ουσιαστικά στην ίδια πτώση του άλλου αριθμού: σχέση, προτύπων, έφηβους, απολαύσεις, φύσης, δραστηριοτήτων, δικτύωσης, απόψεις, αλλοίωση, όφελος.

Θέμα για συζήτηση

Με αφορμή τις παραπάνω φωτογραφίες, να κάνετε μία συζήτηση στην οποία θα αναφερθείτε στους λόγους που οι νέοι επιλέγουν αυτή τη μορφή διασκέδασης και εκτόνωσης. Πώς επιδρά στη ζωή τους και ποιες συνέπειες επιφέρει;

Παραγωγή λόγου (διάρκεια 120 λεπτά)

Ψυχαγωγία-ελεύθερος χρόνος

Το σχολείο σου ετοιμάζει ένα πρότζεκτ για τη σημασία του ελεύθερου χρόνου. Παίρνεις μέρος στο πρότζεκτ με ένα κείμενο 300–350 λέξεων, στο οποίο θα υπάρχει πρόλογος, κυρίως μέρος και επίλογος, γράφοντας τα παρακάτω:

1. **Παρουσίασε** στην αρχή του κειμένου σου,

   - τις έννοιες ψυχαγωγία και ελεύθερος χρόνος
   - πώς περνάς στον ελεύθερο χρόνο σου   (4 Μονάδες)

2. **Εξήγησε** ποια είναι η σημασία της ψυχαγωγίας,

   - στη σωματική
   - και ψυχική υγεία   (10 Μονάδες)

3. **Παρουσίασε** αναλυτικά πώς μπορεί κάποιος να περάσει τον ελεύθερο χρόνο του,

   - στη χώρα που ζεις
   - στη χώρα από την οποία κατάγεσαι   (12 Μονάδες)

4. **Ανάφερε,**

   - δύο προτάσεις για το πώς μπορείς να περάσεις δημιουργικά τον ελεύθερο χρόνο σου

                                                            (4 Μονάδες)

Aufgabenstellung

Unterhaltung – Freizeit

Deine Schule bereitet ein Projekt über die Bedeutung der Freizeit. Du möchtest an dem Projekt teilnehmen. Verfasse einen Text mit Einleitung, Hauptteil und Schluss. Schreibe mindestens 300–350 Wörter.

1. **Stelle** am Anfang deines Textes **dar,**

   - die Begriffe Unterhaltung und Freizeit
   - wie du deine Freizeit verbringst   (4 Punkte)

2. **Erläutere** die Bedeutung der Unterhaltung,

   - körperlich
   - psychisch   (10 Punkte)

3. **Stelle** ausführlich **dar,** wie man seine Freizeit verbringen kann,

   - in Deutschland
   - in deinem Herkunftsland   (12 Punkte)

4. **Nenne,**

   - wie man seine Freizeit am besten verbringen kann (zwei Vorschläge)

                                                                          (4 Punkte)

Παραγωγή λόγου (EESA Prüfung)

Ελεύθερος χρόνος επιτέλους!

Η τάξη σου ετοιμάζει διάφορες δραστηριότητες, ώστε να περάσετε εσύ και οι συμμαθήτριες/συμμαθητές σου μια μέρα χαλάρωσης, μακριά από το άγχος των μαθημάτων. Στόχος είναι να έχετε τη δυνατότητα να συμμετέχετε σε ομαδικές δράσεις, ώστε να γνωριστείτε καλύτερα. Γράψε σε 200–250 λέξεις ένα κείμενο με πρόλογο, κυρίως θέμα και επίλογο για τα παρακάτω.

Εξήγησε,

- γιατί είναι σημαντική αυτή η μέρα για όλους σας   (μονάδες 8)

Ανάλυσε,

- τι σκέφτεσαι να προτείνεις και ποιες είναι οι ιδέες σου;

- τι είδους δραστηριότητες θα προτιμούσες και γιατί;   (μονάδες 12)

Γράψε,

- σε τι θα ωφελήσει την τάξη σου μια τέτοια μέρα (ανάφερε τουλάχιστον δύο οφέλη)
                                                                       (μονάδες 10)

Ενότητα 7: Τουρισμός – Ταξίδια

Διδακτικοί στόχοι:

- Έννοια του τουρισμού
- Σχέση του ανθρώπου με τα ταξίδια
- Γνωριμία με τις μορφές του τουρισμού
- Οφέλη του τουρισμού στον άνθρωπο
- Σκοπός των ταξιδιών
- Οφέλη του τουρισμού σε ένα κράτος
- Αίτια αλλοίωσης της έννοιας
- Συνέπειες από το μαζικό κύμα τουρισμού
- Τουριστικοί προορισμοί και μόδα
- Προϋποθέσεις σωστής τουριστικής ανάπτυξης

Λεξιλόγιο

- Τουρισμός – εναλλακτικός – οικολογικός – μαζικός
- Τουριστικός προορισμός
- Κουλτούρα – πολιτισμός
- Αξιοθέατα – μνημεία – μουσεία
- Απόλαυση – ευχαρίστηση – αποβολή άγχους
- Κατάργηση ρατσιστικών αντιλήψεων – επαφή με διαφορετική νοοτροπία
- Μόρφωση – γνωριμία ηθών και εθίμων
- Οικονομική και εμπορική ανάπτυξη μιας χώρας
- Κερδοσκοπία – αλλοίωση πολιτισμού – μαζοποίηση
- Καταστροφή περιβάλλοντος
- Αλλοίωση γλώσσας – ξένα πρότυπα – αλλοίωση κουλτούρας

Κείμενο για αυτενέργεια

Τουρισμός

Η έννοια τουρισμός προέρχεται από την αγγλική λέξη tour που σημαίνει περιηγούμαι. Ο τουρίστας επομένως είναι ένας περιηγητής που του αρέσει να επισκέπτεται νέους τόπους, νέες χώρες και να γνωρίζει νέα ήθη και έθιμα.

Ο τουρισμός έχει πολλές και ποικίλες μορφές, αναλόγως με τα ενδιαφέροντα του ατόμου. Η επίσκεψη σε δημοφιλείς τουριστικούς προορισμούς και μεγαλουπόλεις είναι η πιο συνηθισμένη μορφή τουρισμού. Μεγάλες μητροπόλεις, όπως η Βαρκελώνη, το Παρίσι ή το Λονδίνο, προσελκύουν χιλιάδες τουρίστες κάθε χρόνο. Εξίσου σημαντική μερίδα τουριστών είναι και όσοι επισκέπτονται αρχαιολογικούς χώρους ή χώρες με αρχαιολογικό και ιστορικό ενδιαφέρον, με στόχο την άμεση επαφή τους με τον πολιτισμό, αλλά και τη βαθύτερη γνώση της ντόπιας κουλτούρας.

Ο εναλλακτικός ή αλλιώς οικολογικός τουρισμός αποτελεί τα τελευταία χρόνια σημαντικό κίνητρο ταξιδιού. Υπάρχουν κάποιοι που επιλέγουν δηλαδή να πηγαίνουν σε χωριά ή σε φάρμες, να μένουν εκεί και να βοηθούν στις αγροτικές εργασίες σε αντάλλαγμα με τη δωρεάν διαμονή τους. Εκτός από αυτό, πολλοί είναι επίσης εκείνοι που επιλέγουν να κατασκηνώνουν δίπλα από μία λίμνη ή ένα ποτάμι και να περνούν τις διακοπές τους στη φύση. Ποικίλα είναι τα οφέλη από τον τουρισμό τόσο στον άνθρωπο, όσο και στη χώρα που δέχεται τους τουρίστες (να γράψετε τρία σημαντικά οφέλη με ανάπτυξη)

1.

2.

3.

Οι αρνητικές συνέπειες όμως που υφίσταται μια χώρα ή ένα νησί από το μαζικό τουρισμό είναι ποικίλες (να γράψετε τρεις συνέπειες με ανάπτυξη)

1.

2.

3.

Πώς μπορούμε να μειώσουμε το μαζικό κύμα τουρισμού; Προτείνετε δύο λύσεις.

1.

2.

(επιμέλεια κειμένου, Σ. Δημοπούλου)

Συμπληρωματικό κείμενο

Εναλλακτικός τουρισμός

Η ιδέα του εναλλακτικού τουρισμού ξεκίνησε ως απάντηση στο μαζικό τουρισμό και ως μια έκφραση ατομικών ενδιαφερόντων, αναγκών και προτιμήσεων των επισκεπτών. Η χώρα μας ήταν και είναι ήδη πρωτοπόρος προορισμός σε αυτή τη μορφή τουρισμού, καθώς ανταποκρίνεται επαρκώς στα περισσότερα είδη εναλλακτικών διακοπών. Ο εναλλακτικός τουρισμός έχει το βασικό χαρακτηριστικό του δημιουργικού τουρισμού, αλλά οι υπηρεσίες που προσφέρονται αφορούν σε μια μεγάλη γκάμα δραστηριοτήτων και καλύπτουν κάθε γούστο.

Οι επισκέπτες έρχονται σε επαφή περισσότερο με τους ντόπιους, αντί απλώς να επισκέπτονται τα ιστορικά μνημεία και τα αξιοθέατα μιας περιοχής· εξάλλου, βασικό μέλημα των τουριστικών αυτών υπηρεσιών είναι ο σεβασμός της φύσης και των ντόπιων κατοίκων του τόπου, κάτι που δεν ισχύει απόλυτα στο μαζικό τουρισμό.

Τα βασικά χαρακτηριστικά του εναλλακτικού τουρισμού περιλαμβάνουν ένα οικονομικό σχετικά ταξίδι, τη συνύπαρξη με τους ντόπιους, τη χρήση παραδοσιακών, τοπικών προϊόντων, την πνευματική, σωματική και ψυχική αναζωογόνηση και χαλάρωση. Συχνά αποτελείται από ένα δημιουργικό κομμάτι, είτε αυτό είναι κάποια εξωτερική δραστηριότητα, είτε κάποιο είδος χειροτεχνίας.

Τα πιο συχνά είδη εναλλακτικού τουρισμού, που έχουν αναπτυχθεί και στη χώρα μας, είναι:

- Οικοτουρισμός (οικολογικός τουρισμός)

Αποτελεί μια μορφή τουρισμού που περιλαμβάνει βουνά, ποτάμια, λίμνες κλπ. Συνήθως, αναπτύσσεται σε βιότοπους που έχουν και επιστημονικό ενδιαφέρον.

- Αγροτουρισμός

Ο επισκέπτης έρχεται σε άμεση επαφή με την ύπαιθρο και συμμετέχει ενεργά στις εργασίες ενός αγροκτήματος. Εδώ περιλαμβάνονται γεωργικές, κτηνοτροφικές ασχολίες, μαγειρική, ελαιοτριβείο, μελισσοκομία και πολλά άλλα.

- Τουρισμός περιπέτειας

Περιλαμβάνει τόσο την παθητική, όσο και την ενεργητική συμμετοχή σε αθλητικές δραστηριότητες, που όμως αφορούν άμεσα στο φυσικό τοπίο. Στη χώρα μας έχουμε να επιλέξουμε ανάμεσα σε αμέτρητες δραστηριότητες, όπως κωπηλασία, σκι, ιππασία, πεζοπορία, ορειβασία, κατάδυση, ράφτινγκ, κλπ.

- Πολιτισμικός τουρισμός

Αυτή η μορφή τουρισμού ανταποκρίνεται σε όσους επιθυμούν να επισκεφθούν τους ιστορικούς, αρχαιολογικούς και πολιτισμικούς θησαυρούς ενός τόπου.

- Θεραπευτικός τουρισμός

Αποτελεί μέρος μιας θεραπείας, που χρησιμοποιεί τους φυσικούς, ιαματικούς πόρους ενός τόπου και ωφελεί τον επισκέπτη τόσο σωματικά, όσο και συναισθηματικά. Η πιο διαδεδομένη μορφή του στην Ελλάδα είναι οι ιαματικές πηγές· σχεδόν 180 πηγές χρησιμοποιούνται στη χώρα μας για λουτροθεραπεία.

- Οινοτουρισμός

Σκοπός του είναι η άμεση επαφή του επισκέπτη με τον τόπο καλλιέργειας και συλλογής του σταφυλιού, τη συμμετοχή στη διαδικασία και τη γευσιγνωσία. Η Ελλάδα, ως μεσογειακή χώρα, αποτελεί πόλο έλξης για τους λάτρεις του κρασιού, ειδικά αν λάβουμε υπόψη και την τεράστια ποικιλία που διαθέτει.

- Εθελοντικός τουρισμός

Πρόκειται για μία οικονομική μορφή τουρισμού, την οποία επιλέγουν κυρίως νέοι άνθρωποι. Οι επισκέπτες συμμετέχουν ενεργά σε κάποια πρότζεκτ που αφορούν στον τόπο προορισμού, βελτιώνοντας κυρίως τις συνθήκες ζωής της περιοχής.

- Γαστρονομικός τουρισμός

Βασικός στόχος του είναι η γνωριμία με την τοπική κουζίνα, τα τοπικά προϊόντα και τα έθιμα που σχετίζονται με τις πρώτες ύλες μιας περιοχής. Οι υπηρεσίες αυτές αντιστέκονται στις αλυσίδες έτοιμου φαγητού και στα αδιάφορα μενού που συνήθως προσφέρονται στα ομαδικά πακέτα διακοπών της μαζικής μορφής τουρισμού.

Εναλλακτικός τουρισμός και οφέλη

Η κύρια ιδέα πίσω από αυτή την ιδιαίτερη μορφή τουρισμού, είναι οι επισκέπτες να ζήσουν μια αξέχαστη εμπειρία, που να τους γεμίσει πνευματικά και ψυχικά, αφού τους χαρίσει μια μοναδική σχέση με τη φύση, τον πολιτισμό και τους ανθρώπους στον τόπο προορισμού τους. Τα παρακάτω βασικά οφέλη θα σας βάλουν σίγουρα σε σκέψη για το επόμενο ταξίδι σας.

1. Βοηθάτε στην προστασία του οικοσυστήματος και του φυσικού τοπίου. Οι επιπτώσεις του μαζικού τουρισμού έχουν, τις περισσότερες φορές, καταστροφικές συνέπειες στο τοπίο και στον τοπικό πληθυσμό, ειδικά αν αναλογιστεί κανείς μόνο τα σκουπίδια και το μέγεθος των ξενοδοχειακών εγκαταστάσεων που χτίζονται για να ευχαριστήσουν όλους τους τουρίστες. Αντιθέτως, οι υπηρεσίες του εναλλακτικού τουρισμού σέβονται απόλυτα το φυσικό τοπίο.

2. Στηρίζετε την τοπική κοινωνία και σέβεστε τις οικογένειες που διαμένουν και διατηρούν την απλότητα του τόπου.

3. Ο εναλλακτικός τουρισμός αποτελεί μια προσωπική εμπειρία, την οποία μπορείτε εσείς από μόνοι σας να επιλέξετε βάσει των δικών σας προτιμήσεων και αναγκών, σε αντίθεση με τον μαζικό τουρισμό, κατά τον οποίο απλώς ακολουθείτε ένα συγκεκριμένο πρόγραμμα.

4. Θα έρθετε σε επαφή με την τοπική κουλτούρα και τις παραδόσεις της και θα εκμεταλλευτείτε τη φύση και τον καθαρό, φρέσκο αέρα. Επίσης, μπορείτε να απολαύσετε εξωτερικές δραστηριότητες, σε αντίθεση με τις ακριβές εκδρομές που δεν ικανοποιούν τα δικά σας προσωπικά ενδιαφέροντα.

(άρθρο διασκευασμένο από: www.enallaktikiagenda.gr)

Ερωτήσεις

1. Εκφράστε την προτίμησή σας για μία από τις παραπάνω μορφές εναλλακτικού τουρισμού και δικαιολογήστε την άποψή σας.

2. Θεωρείτε πως ο εναλλακτικός τουρισμός είναι μια διαφορετική πρόταση τουρισμού που προστατεύει το περιβάλλον;

Θέματα για συζήτηση και δημιουργική σκέψη

1. Μία παρέα τεσσάρων φίλων συζητά ποιος θα είναι ο επόμενος ταξιδιωτικός προορισμός τους και τι είδους διακοπές θα προτιμούσε ο καθένας. Με βάση τις

παραπάνω εικόνες, κάνετε τη συζήτηση και ο καθένας υποστηρίζει την επιλογή του με αντίστοιχα επιχειρήματα.

2. Με αφορμή την Παγκόσμια Ημέρα Τουρισμού, ετοιμάζετε ένα πρότζεκτ για το σχολείο σας αφιερωμένο στην προβολή της χώρας σας ως τουριστικό προορισμό. Να γράψετε λεπτομερώς τι θα περιλαμβάνει το πρότζεκτ σας, τι μέσα θα χρησιμοποιήσετε και πώς θα προκαλέσετε το ενδιαφέρον και την περιέργεια για επισκεψιμότητα. Διαφημίστε επίσης τη χώρα σας όπως μπορείτε και με όποια μέσα επιλέξετε.

Ενότητα 8: Περιβάλλον – Οικολογία

Διδακτικοί στόχοι:

- Γνωριμία με τις έννοιες Περιβάλλον και Οικολογία
- Σημασία του περιβάλλοντος και του οικοσυστήματος για τον άνθρωπο
- Σημασία της προστασίας του
- Γνωριμία με τα περιβαλλοντολογικά φαινόμενα
- Εντοπισμός των αιτιών καταστροφής του περιβάλλοντος
- Συνέπειες καταστροφής για τον άνθρωπο
- Συνέπειες καταστροφής για τη χλωρίδα και πανίδα
- Εθελοντισμός και δράσεις για την προστασία του
- Σχολείο και οικολογική συνείδηση
- Εναλλακτικές μορφές ενέργειας
- Σημασία ανακύκλωσης
- Ατομική ευθύνη
- Προτάσεις – λύσεις για την προστασία του
- Οικολογικές οργανώσεις – διεθνείς οργανισμοί

- **Λεξιλόγιο**
- Περιβάλλον-περιβαλλοντικός
- Οικολογία – οικολογικός – οικοσύστημα – βιότοπος / Χλωρίδα – πανίδα
- Μόλυνση – καταστροφή – ρύπανση
- Φαινόμενο θερμοκηπίου – τρύπα του όζοντος
- Ξηρασία – πλημμύρες – τσουνάμι – σεισμοί
- Ακραία καιρικά φαινόμενα – λιώσιμο πάγων
- Αύξηση στάθμης της θάλασσας – άνοδος θερμοκρασίας / Κλιματική αλλαγή
- Περιορισμός ή και εξάντληση πηγών ενέργειας
- Οικολογική συνείδηση – υπέρτατη ανάγκη η προστασία του
- Ατομική και συλλογική ευθύνη – ανακύκλωση – λιγότερη χρήση πλαστικών
- Η Παιδεία και η συμβολή της στη δημιουργία οικολογικής ευαισθησίας

Κείμενο για επεξεργασία

SOS για το περιβάλλον!

Η έννοια περιβάλλον ορίζει το χώρο που ζούμε, δηλαδή το φυσικό περιβάλλον, που αποτελείται από θάλασσες, δάση, λίμνες, ποτάμια, βουνά, χλωρίδα και πανίδα. Είναι ζωτικής σημασίας να διατηρούμε τη φύση αναλλοίωτη και καθαρή, για να απολαμβάνουμε τον καθαρό αέρα και να κολυμπάμε σε καθαρά νερά.

Δυστυχώς όμως τα τελευταία χρόνια απειλείται το περιβάλλον μας με σοβαρή καταστροφή και οι ζημιές, αν ακόμη δεν είναι τόσο ορατές, σε λίγα χρόνια θα γίνουν ανυπολόγιστες. Σύμφωνα με έκθεση της Greenpeace με αφορμή την Παγκόσμια Ημέρα Περιβάλλοντος, η μέση θερμοκρασία θα αυξηθεί από 3 έως 5 βαθμούς Κελσίου για τα επόμενα εκατό χρόνια. Η αύξηση αυτή θα λιώσει ένα ποσοστό από πάγους στους δύο πόλους της Γης και η στάθμη του νερού στις θάλασσες θα ανεβεί και επομένως θα πνίξει πόλεις, παραλίες, δάση και ό,τι άλλο υπάρχει στις ακτές.

Σε μερικές περιπτώσεις η ζημιά που θα προκληθεί θα είναι τεράστια, όπως π.χ. πολλά μικρά νησιωτικά κράτη στον Ειρηνικό Ωκεανό θα σβήσουν από το χάρτη, πάνω από τις μισές βιομηχανικές εγκαταστάσεις σε χώρες όπως Ιαπωνία, Βιετνάμ, Ινδονησία, Ταϊλάνδη και σε άλλες χώρες της Ασίας θα κινδυνεύσουν, διότι είναι εγκατεστημένες σε επίπεδες παραθαλάσσιες περιοχές.

Μια άλλη επίπτωση των κλιματολογικών συνθηκών αφορά στη μείωση των βροχοπτώσεων. Η Αφρική θα πληγεί περισσότερο από κάθε άλλη ήπειρο. Ακολουθεί η Ευρώπη και συγκεκριμένα η Νότια Ευρώπη, όπου η μείωση θα είναι γύρω στα 20% το χειμώνα και 30% το καλοκαίρι. Τέλος, αναμένεται ότι παρόμοια φαινόμενα θα πλήξουν την Αυστραλία, το Τέξας των Η.Π.Α., και άλλες περιοχές του κόσμου.

Οι πιο πάνω κλιματολογικές αλλαγές θα έχουν σοβαρές επιπτώσεις στην υγεία μας. Θα έχουμε έξαρση της ελονοσίας και επέκταση σε περιοχές που μέχρι τώρα δεν υπήρχε αυτή η ασθένεια, όπως στις Μεσογειακές χώρες. Επίσης, θα έχουμε επιδείνωση των κρουσμάτων κίτρινου πυρετού, αλλά και άλλων ασθενειών.

Γιατί ο άνθρωπος καταστρέφει το περιβάλλον; Γιατί δεν το σέβεται όπως σέβεται το σπίτι του; Πώς είναι δυνατόν στο βωμό των συμφερόντων και της κερδοσκοπίας να κατασκευάζει πυρηνικά εργοστάσια, να καταστρέφει θάλασσες ψάχνοντας για πετρέλαιο, να καίει δάση χάριν του τουρισμού και της οικοπεδοποίησης; Ερωτήματα όπως αυτά, μας βάζουν σε σκέψεις για το αν πρέπει να αντιδράσουμε όχι μόνο σαν άτομα, αλλά και σαν σύνολο. Χώρες όπως η Κίνα, η οποία μαστίζεται από φτώχεια και υπερπληθυσμό, θεωρείται πρωταγωνίστρια στη μόλυνση της ατμόσφαιρας, αφού υπάρχει σημαντική βαριά βιομηχανία.

Η φύση άρχισε να μας εκδικείται και από τη μανία της δυστυχώς δεν μπορεί να ξεφύγει κανείς. Πλημμύρες, ισχυρές βροχοπτώσεις, ακραίες θερμοκρασίες, παρατεταμένη ξηρασία, πυρκαγιές και πόσα άλλα φαινόμενα μας χτυπούν το καμπανάκι του κινδύνου ότι η γη έχει ημερομηνία λήξης. Ήδη ο άνθρωπος ψάχνει σε άλλους πλανήτες ζωή, γεγονός που σημαίνει πως οι επιστήμονες έχουν δραστηριοποιηθεί προκειμένου να ανακαλύψουν άλλους κατοικήσιμους πλανήτες.

Η ανθρώπινη απληστία δεν έχει τέλος. Πολύ σοφά διατύπωνε ο Αριστοτέλης στα Πολιτικά του ότι το χειρότερο ζώο είναι ο άνθρωπος, γιατί είναι ο μόνος που χρησιμοποιεί τα όπλα με τη λογική. Ο πόλεμος, για παράδειγμα, εκτός φυσικά ότι μετρά πολλές ανθρώπινες ζωές, προκαλεί και απίστευτη φυσική καταστροφή.

Είναι καιρός να σκεφτούμε σοβαρά τις τραγικές συνέπειες που οδηγούν στην καταστροφή του περιβάλλοντος εξαιτίας του ανθρώπου, που σε συνδυασμό με την τεχνολογική εξέλιξη, δημιουργούν ακόμη μεγαλύτερη ζημιά. Έφτασε η στιγμή να δραστηριοποιηθούμε ατομικά και συλλογικά, για να σώσουμε το σπίτι μας. Μόνο αν σεβαστούμε το περιβάλλον όπως το σπίτι μας, αγαπήσουμε τη φύση και τα ζώα, μόνο τότε θα μπορέσουμε να πετύχουμε ως ανθρωπότητα.

(επιμέλεια κειμένου, Σ. Δημοπούλου. Πηγή πληροφοριών, Greenpeace.org)

Ερωτήσεις

1. Να αποδώσετε περιληπτικά το κείμενο σε 80 περίπου λέξεις.

2. Ποια συνέπεια καταστροφής του περιβάλλοντος θεωρείτε εσείς πιο σοβαρή και γιατί; Να επιχειρηματολογήσετε.

3. Να εξηγήσετε σε 60 με 80 λέξεις την τελευταία πρόταση της τελευταίας παραγράφου.

4. Να γράψετε πλαγιότιτλους στις τρεις τελευταίες παραγράφους.

Λεξιλογικές ασκήσεις

1. Να γράψετε τη λέξη που προκύπτει από τα παρακάτω συνθετικά και συνδέεται με το περιβάλλον:

οίκος + λόγος, άνεμος + γεννήτρια, οίκος + σύστημα, βίος + τόπος, υπό + θάλασσα, βροχή + πέφτω, ανά + κύκλος, από + βάλλω.

2. Να επιλέξετε πέντε από τις λέξεις της άσκησης 1 και να γράψετε προτάσεις που συνδέονται με το περιβάλλον.

3. σημαντικής, παρόμοια, επιπτώσεις, προκαλεί, τραγικές: να γράψετε από ένα συνώνυμο για κάθε λέξη.

4. καυσαέρια, πυρκαγιές, ξηρασία, βροχοπτώσεις, ανακύκλωση: να βάλετε τις λέξεις στα κενά των παρακάτω προτάσεων στο σωστό τύπο:

α. Οι έντονες .... πέρυσι το καλοκαίρι είχαν ως αποτέλεσμα να πλημμυρίσουν πολλές δασικές εκτάσεις.

β. Σε πολλές μεγαλουπόλεις εξαιτίας της βαριάς βιομηχανίας, τα .... προκαλούν αναπνευστικά προβλήματα και ποικίλες ασθένειες.

γ. Τα τελευταία χρόνια η ανομβρία σε πολλά κράτη έχει επιφέρει έντονη ...., με αποτέλεσμα τον περιορισμό στο πόσιμο νερό.

δ. Είναι τόσο ατομική, όσο και συλλογική ευθύνη να .... τα σκουπίδια, ώστε να προστατεύεται το περιβάλλον.

ε. Στην αλματώδη ανάπτυξη του τουρισμού και την αυξανόμενη οικοπεδοποίηση με στόχο το κέρδος, οφείλονται οι περισσότερες δασικές ....

5. μας βάζουν σε σκέψεις, θα προκληθεί ζημιά, θα έχουν επιπτώσεις, ακραίες θερμοκρασίες, παρόμοια φαινόμενα: να αντικαταστήσετε τις φράσεις με συνώνυμες λέξεις ή φράσεις.

6. θα σβήσουν, θα πλήξουν, θα πνίξει, καταστρέφει, κατασκευάζει, ανακαλύψουν: να μεταφέρετε τα ρήματα στην παθητική φωνή στον ίδιο χρόνο (π.χ. προκαλούν: προκαλούνται).

Θέματα για συζήτηση

1. Να περιγράψετε τις εικόνες και να εκφράσετε τον προβληματισμό σας σχετικά. Προτείνετε λύσεις για να περιοριστεί η καταστροφή.

2. Ο δήμαρχος της πόλης σας, προκειμένου να αυξήσει την τουριστική ανάπτυξη στην περιοχή, σκοπεύει να κόψει σε μία δασική περιοχή τα δέντρα, ώστε να χτιστεί μία μεγάλη ξενοδοχειακή μονάδα. Εκπροσωπείτε μια οικολογική οργάνωση, της οποίας

είστε πρόεδρος, και έρχεστε σε σύγκρουση με τις αρχές του τόπου σχετικά με το σχέδιο ανέγερσης ξενοδοχείου. Κάντε το διάλογο.

3. Στην εταιρεία που εργάζεστε ανήκετε σε αυτούς που πηγαινοέρχονται στην εργασία τους με το ποδήλατο ή τα μέσα μαζικής μεταφοράς. Κάποιοι συνάδελφοί σας όμως χρησιμοποιούν το αυτοκίνητο ακόμη και για σύντομες μετακινήσεις. Κάντε το διάλογο επιχειρηματολογώντας για τα θετικά της δικής σας επιλογής.

Συμπληρωματικό κείμενο για προβληματισμό

Η ντροπή των πλαστικών

Το καλοκαίρι φεύγει και εκτός από αναμνήσεις αφήνει πίσω του πολλά σκουπίδια σε θάλασσες και ακτές...

Τα χειρότερα, εφόσον χρειάζονται χρόνια για να «εξαφανιστούν», και δυστυχώς αυτά που συναντάμε συχνότερα, είναι οι πλαστικές σακούλες και τα μπουκάλια. Χιλιάδες από αυτά εγκαταλείπονται στις ακτές, «μνημεία» της παραμονής των λουομένων μετατρέποντας σε σκουπιδότοπους τις πανέμορφες ελληνικές παραλίες. Έπειτα ταξιδεύουν για χρόνια στις θάλασσες κάνοντας «παρέα» στα ψάρια ή μολύνοντας το βυθό. Άραγε είναι τόσο δύσκολο να μαζέψουμε, φεύγοντας από την παραλία, το μπουκάλι που ήπιαμε νερό;

Φυσικά δεν το σκεφτόμαστε, επειδή σε μας τουλάχιστον, δεν κοστίζει τίποτα. Ωστόσο, η κατασκευή μιας πλαστικής σακούλας κοστίζει 10 λεπτά. Στη φύση μάλιστα κοστίζει πολύ περισσότερο, εφόσον οι πλαστικές σακούλες και τα μπουκάλια χρειάζονται πάνω από τρία χρόνια, για να διαλυθούν μέσα στη θάλασσα. Σε περίπτωση που το πλαστικό μείνει θαμμένο σε στεγνό έδαφος «ζει» έως και διακόσια χρόνια.

Αν λοιπόν χρειαζόταν να πληρώνουμε τις πλαστικές σακούλες όσο πραγματικά κοστίζουν και χρησιμοποιούσαμε τα πλαστικά μπουκάλια είκοσι φορές –όσο δηλαδή αντέχουν– όχι μόνο θα είχαμε λιγότερα πλαστικά σκουπίδια σε θάλασσες και ακτές, αλλά και γενικότερα λιγότερα σκουπίδια. Έχει υπολογιστεί ότι ο συνολικός όγκος των σκουπιδιών με αυτό τον τρόπο θα μειωνόταν κατά 3%.

(περιοδικό «ΟΙΚΟ», εφημερίδα Η Καθημερινή, 15/9/2002. Αντλήθηκε από το βιβλίο της Νεοελληνικής Γλώσσας Β΄ Γυμνασίου)

Ερωτήσεις

1. Αναφερθείτε, με βάση τις δικές σας εμπειρίες, πώς συμπεριφέρεστε σχετικά με τα σκουπίδια στις παραλίες και πώς ο κόσμος γύρω σας.

2. Για ποιους λόγους τα πλαστικά είναι το χειρότερο είδος σκουπιδιών; Γιατί απειλείται η θαλάσσια ζωή από αυτά;

Παραγωγή λόγου (διάρκεια 120 λεπτά)

Περιβάλλον

Με αφορμή την „Παγκόσμια Ημέρα Περιβάλλοντος", το σχολείο σου ετοιμάζει δραστηριότητες. Ως μέλος της μαθητικής κοινότητας, παίρνεις μέρος με ένα άρθρο στη σχολική εφημερίδα το λιγότερο 300–350 λέξεων, στο οποίο θα υπάρχει πρόλογος, κυρίως μέρος και επίλογος:

1. **Παρουσίασε** στην αρχή του κειμένου σου,

   - τη σημασία του περιβάλλοντος
   - τη δική σου σχέση με αυτό   (4 Μονάδες)

2. **Εξήγησε** ποιες είναι οι συνέπειες καταστροφής του,

   - στον άνθρωπο
   - και στον πλανήτη   (10 Μονάδες)

3. **Παρουσίασε** αναλυτικά,

   - με ποιον τρόπο θα συμμετέχεις στις σχολικές δραστηριότητες
   - τι μέσα θα χρησιμοποιήσεις   (10 Μονάδες)

4. **Ανάφερε**,

   - τρεις προτάσεις - λύσεις για το πώς μπορούμε να προστατέψουμε το περιβάλλον

                                                               (6 Μονάδες)

Aufgabenstellung

Umwelt

Anlässlich des „Internationalen Umwelttages" plant deine Schule verschiedene Aktionen. Als Mitglied der Schülervertretung möchtest du dich an den Aktionen beteiligen. Verfasse einen Artikel für die Schülerzeitung. Schreibe mindestens 300–350 Wörter.

1. **Erkläre** zu Beginn deines Artikels,

   - die Wichtigkeit der Umwelt
   - deine Einstellung der Umwelt gegenüber   (4 Punkte)

2. **Erläutere** die Folgen, die sich aus einer Umweltkatastrophe ergeben,

   - auf die Menschheit
   - auf unserem Planeten   (10 Punkte)

3. **Stelle** ausführlich **dar**,

   - wie nimmst du an den schulischen Aktivitäten teil
   - welche Mittel du benutzen wirst   (10 Punkte)

4. **Nenne**,

   - drei Vorschläge zum besseren Umweltschutz

                                                     (6 Punkte)

Ενότητα 9: Μετανάστευση – Προσφυγικά ρεύματα

Διδακτικοί στόχοι:

- Γνωριμία με τις έννοιες μετανάστης-πρόσφυγας
- Διαχωρισμός των εννοιών
- Κοινωνικό φαινόμενο
- Λόγοι που ωθούν στη μετανάστευση – προσφυγιά
- Δυσκολίες και προβλήματα των χωρών υποδοχής μεταναστών
- Ένταξη και προσαρμογή στη νέα χώρα
- Προβλήματα που αντιμετωπίζουν οι μετανάστες – πρόσφυγες
- Ρατσισμός
- Ξενοφοβία
- Τόνωση της οικονομίας της χώρας υποδοχής
- Φθηνό εργατικό δυναμικό
- Λύση στο δημογραφικό πρόβλημα (π.χ. Ελλάδα)

Λεξιλόγιο

- Μετανάστης – πρόσφυγας
- Μεταναστευτικές – προσφυγικές ροές
- Χώρες υποδοχής
- Ένταξη – προσαρμογή στις νέες συνθήκες
- Διαφορετική γλώσσα – νοοτροπία – θρησκεία
- Δυσκολίες στην κοινωνικοποίηση
- Άθλιες συνθήκες διαβίωσης
- Διαφορετικότητα
- Ρατσισμός
- Ξενοφοβία
- Περιθωριοποίηση
- Ανεργία
- Απομόνωση
- Εγκληματικότητα
- Ενσωμάτωση

Κείμενο για επεξεργασία

Μετανάστευση-Προσφυγιά

Η μετανάστευση και τα μεταναστευτικά ρεύματα προς την Ευρώπη, την αμερικανική ήπειρο αλλά και την Αυστραλία, δεν αποτελούν νέο κοινωνικό φαινόμενο. Η Γερμανία αποτελεί ίσως, - μαζί με το Βέλγιο και τη Σουηδία -, τη σημαντικότερη χώρα που υποδέχεται κυρίως οικονομικούς μετανάστες από τη δεκαετία του 1960.

Μετανάστης και πρόσφυγας είναι δύο εντελώς διαφορετικές έννοιες και ο διαχωρισμός τους οφείλεται στους διαφορετικούς λόγους που ο καθένας αποφάσισε να εγκαταλείψει την πατρίδα του. Έτσι, όσοι μεταναστεύουν από μία ευρωπαϊκή χώρα σε άλλη, το κάνουν με τη θέλησή τους κυρίως για λόγους οικονομικούς. Η ανεργία που υπάρχει στη χώρα τους, τους αναγκάζει να αναζητήσουν μια διαφορετική και καλύτερη ζωή κάπου αλλού. Εκτός από αυτό, κάποιοι μεταναστεύουν για λόγους σπουδών. Προτιμούν να σπουδάσουν και να εργαστούν στο εξωτερικό, μιας και οι προοπτικές εξέλιξης είναι καλύτερες από ό,τι στη χώρα τους. Οι πρόσφυγες αντίθετα, εγκαταλείπουν την πατρίδα τους χωρίς να το θέλουν. Ο πόλεμος είναι η βασικότερη αιτία που φεύγουν από τη χώρα τους με δεύτερη σημαντικότερη τη στέρηση των πολιτικών τους δικαιωμάτων.

Ποικίλα είναι τα προβλήματα των ανθρώπων που επιλέγουν ή αναγκάζονται να εγκατασταθούν σε άλλη χώρα. Το βασικότερο είναι ότι δε γνωρίζουν τη γλώσσα, με αποτέλεσμα να συναντούν αρκετές δυσκολίες συνεννόησης αρχικά και εύρεσης εργασίας στη συνέχεια. Η διαφορετική νοοτροπία, κουλτούρα και θρησκεία αποτελούν επίσης σοβαρά προβλήματα των μεταναστών - προσφύγων που τους δημιουργούν παράλληλα και έντονη ανασφάλεια και αίσθημα κατωτερότητας απέναντι στους ντόπιους, αφού η ένταξη σε μία νέα πραγματικότητα είναι δύσκολη. Βιώνουν έντονα ρατσιστική συμπεριφορά και αντιμετωπίζονται ως «ξένοι» που συχνά «φταίνε» και για την αύξηση της εγκληματικότητας.

Δυσκολίες συναντούν επίσης και σε μορφωτικό επίπεδο, αφού τα παιδιά τους πρέπει να παρακολουθήσουν σχολεία με εντελώς διαφορετικό εκπαιδευτικό σύστημα και τάξεις με πολυπολιτισμικότητα. Αυτό σημαίνει ότι τα σχολεία αποτελούνται ουσιαστικά από μαθητές διαφορετικής προέλευσης, που πρέπει να συνυπάρξουν. Στην περίπτωση αυτή η διαφορετικότητα αποτελεί γεγονός. Κατά πόσο είναι έτοιμες οι κοινωνίες να την αποδεχθούν και πώς αντιμετωπίζουν τους «ξένους»;

Καλό είναι στο σημείο αυτό να αναφερθούν και οι θετικές πλευρές του κοινωνικού αυτού φαινομένου τόσο στον άνθρωπο όσο και στη χώρα υποδοχής. Η προοπτική μιας καλύτερης ζωής μακριά από ανεργία, φτώχεια και πόλεμο θεωρείται σίγουρη στη νέα «πατρίδα», αφού το μέλλον αυτών και των παιδιών τους είναι πιο εξασφαλισμένο από κάθε άποψη. Επίσης, εντάσσονται και ενσωματώνονται σε μία νέα κουλτούρα και νοοτροπία που διαμορφώνει έντονα την πολυπολιτισμικότητα και τη συνύπαρξη πολλών εθνών μαζί σε μία χώρα.

Εκτός από τον άνθρωπο όμως, οφέλη έχει και η χώρα που υποδέχεται τους μετανάστες-πρόσφυγες. Παρατηρείται οικονομική πρόοδος, εφόσον οι ξένοι από τη μια είναι φθηνό εργατικό δυναμικό και απ' την άλλη εργάζονται σε τομείς (π.χ. γεωργία, κτηνοτροφία, βιομηχανία) που οι ντόπιοι αρνούνται ή δεν θέλουν να εργαστούν. Ενισχύεται το αίσθημα του σεβασμού στο διαφορετικό, στην ξεχωριστή κουλτούρα και νοοτροπία και έτσι μπορούν όλοι να ζουν αρμονικά. Σε κάποιες χώρες επίσης όπως η Ελλάδα, οι πρόσφυγες δίνουν λύση στο έντονο δημογραφικό πρόβλημα που απειλεί τη χώρα.

Είναι δύσκολο να αντιμετωπιστεί με επιτυχία το μεγάλο μεταναστευτικό και προσφυγικό ρεύμα σε μία χώρα. Πολλά είναι επομένως τα προβλήματα που πρέπει να λυθούν. Ας μην ξεχνάμε όμως ότι και εμείς θα μπορούσαμε να βρεθούμε στη θέση τους και σε καμία περίπτωση δε θα θέλαμε να νιώθουμε ανεπιθύμητοι σε μία ξένη χώρα. Καλό είναι να μπαίνουμε στη θέση του άλλου. Μόνον έτσι θα καταλάβουμε πως όλοι είμαστε διαφορετικοί, όλοι είμαστε ίσοι.

(επιμέλεια κειμένου, Σ. Δημοπούλου)

Ερωτήσεις

1. Εκφράστε την άποψή σας σχετικά με τις δυσκολίες που αντιμετωπίζουν οι μετανάστες-πρόσφυγες με βάση τις δικές σας εμπειρίες, αλλά και γνωστών σας.

2. Θεωρείτε πως είναι εύκολο να ζουν σε μία χώρα άνθρωποι διαφορετικής καταγωγής και κουλτούρας; Επιχειρηματολογήστε σχετικά.

Λεξιλογικές ασκήσεις

1. Να μεταφέρετε τα παρακάτω ρήματα στον ίδιο χρόνο, στην άλλη φωνή (π.χ. έγραψα- γράφτηκα, χτενίζεται-χτενίζει).

- αποφάσισε
- εγκαταλείπει
- δημιουργούν
- διαγράφεται
- διαμορφώνει

2. προσφεύγω, αποφεύγω, διαφεύγω, καταφεύγω, ξαναφεύγω: να χρησιμοποιήσετε τα ρήματα στο σωστό τύπο στις παρακάτω προτάσεις.

α. Ο γνωστός τραγουδιστής ……………….. να απαντήσει στις ερωτήσεις του δημοσιογράφου που αφορούσαν στην προσωπική του ζωή.

β. Μην ………………..σε παρακαλώ, του είπε η διευθύντρια του σχολείου.

γ. Ο δράστης του εγκλήματος πρόλαβε και ………………..στο εξωτερικό πριν τον συλλάβει η αστυνομία.

δ. Ο υπουργός ………………..στη δικαιοσύνη για να αποκατασταθεί η αδικία που έγινε εις βάρος του.

ε. Οι τουρίστες ……………….. σε μία σπηλιά, για να προστατευθούν από την κακοκαιρία.

3. Να γράψετε για τα παρακάτω, φράσεις ή μία λέξη με την ίδια σημασία: αποφάσισε να εγκαταλείψει, το μέλλον διαγράφεται, δίνει λύση, συναντώ δυσκολίες, το πρόβλημα απειλεί τη χώρα.

4. Στα παρακάτω, να συμπληρώσετε και ένα κατάλληλο επίθετο ή ουσιαστικό, ώστε να προκύψει ονοματικό σύνολο (π.χ. αύξηση εγκληματικότητας):

- δυσκολία
- ενίσχυση
- προοπτική
- κουλτούρα
- συνύπαρξη

Θέματα για συζήτηση

1. Με βάση τις παραπάνω εικόνες κάνετε μια συζήτηση στην τάξη, στην οποία τοποθετείστε υπέρ ή κατά της υποδοχής προσφύγων στη χώρα που ζείτε με ανάλογα επιχειρήματα.

2. Με ποιο τρόπο πιστεύετε βιώνουν το ρατσισμό μετανάστες και πρόσφυγες και πώς μπορεί το φαινόμενο να αντιμετωπιστεί; Θεωρείτε πως υπάρχουν προβλήματα ενσωμάτωσης και αν ναι, για ποιους λόγους; Κάντε το διάλογο στην τάξη.

Συμπληρωματικό κείμενο για αυτενέργεια

Λαθεμένο μού φαινόταν πάντα τ' όνομα που μας δίναν:

«Μετανάστες».

Θα πει, κείνοι που αφήσαν την πατρίδα τους. Εμείς, ωστόσο,

δε φύγαμε γιατί το θέλαμε,

λεύτερα να διαλέξουμε μιαν άλλη γη. Ούτε

και σε μιαν άλλη χώρα μπήκαμε

να μείνουμε για πάντα εκεί, αν γινόταν.

Εμείς φύγαμε στα κρυφά. Μας κυνηγήσαν, μας προγράψανε.

Κι η χώρα που μας δέχτηκε, σπίτι δε θα 'ναι, μα εξορία.

Έτσι, απομένουμε δω πέρα, ασύχαστοι, όσο μπορούμε πιο κοντά

στα σύνορα,

προσμένοντας του γυρισμού τη μέρα, καραδοκώντας το παραμικρό

σημάδι αλλαγής στην άλλην όχθη, πνίγοντας μ' ερωτήσεις

κάθε νεοφερμένο, χωρίς τίποτα να ξεχνάμε, τίποτα

ν' απαρνιόμαστε,

χωρίς να συχωράμε τίποτ' απ' όσα έγιναν, τίποτα δε συχωράμε.

Α, δε μας ξεγελάει τούτη η τριγύρω σιωπή! Ακούμε ίσαμ' εδώ

τα ουρλιαχτά που αντιλαλούν απ' τα στρατόπεδά τους. Εμείς

οι ίδιοι

μοιάζουμε των εγκλημάτων τους απόηχος, που κατάφερε

τα σύνορα να δρασκελίσει. Ο καθένας μας,

περπατώντας μες στο πλήθος με παπούτσια ξεσκισμένα,

μαρτυράει την ντροπή που τη χώρα μας μολεύει.

Όμως κανένας μας

δε θα μείνει εδώ. Η τελευταία λέξη

δεν ειπώθηκε ακόμα.

(Μπέρτολτ Μπρέχτ, Ποιήματα, μτφρ. Μάριος Πλωρίτης)

Εργασίες

1. Αναλύστε τις έννοιες μέσα στο ποίημα καθώς και τα προβλήματα που θίγονται. Θεωρείτε ότι η λέξη μετανάστης είχε ανέκαθεν αρνητική σημασία; Έχει αλλάξει το γεγονός αυτό σήμερα;

2. Εμείς, ωστόσο, δε φύγαμε γιατί το θέλαμε, λεύτερα να διαλέξουμε μιαν άλλη γη. Ούτε και σε μιαν άλλη χώρα μπήκαμε να μείνουμε για πάντα εκεί, αν γινόταν. Εμείς φύγαμε στα κρυφά. Μας κυνηγήσαν, μας προγράψανε: Να εξηγήσετε σε μία παράγραφο 50 λέξεων τη σημασία του αποσπάσματος σε σχέση με τη μετανάστευση και τις αιτίες της.

3. Προσπαθήστε να μεταγράψετε το ποίημα σε ένα πεζό κείμενο.

Παραγωγή λόγου (διάρκεια 120 λεπτά)

Μετανάστευση

Το σχολείο σου ετοιμάζει μία διοργάνωση αφιερωμένη στις μαθήτριες και μαθητές που προέρχονται από οικογένειες μεταναστών και προσφύγων. Παίρνεις μέρος με ένα κείμενο 300–350 λέξεων, στο οποίο θα υπάρχει πρόλογος, κυρίως μέρος και επίλογος γράφοντας τα παρακάτω:

1. **Παρουσίασε** στην αρχή του κειμένου σου,

   - τους όρους μετανάστευση και προσφυγιά
   - τη δική σου εμπειρία ως παιδί μεταναστών   (4 Μονάδες)

2. **Παρουσίασε** τις δυσκολίες που αντιμετωπίζουν οι μετανάστες,

   - σε προσωπικό επίπεδο
   - στην κοινωνία   (10 Μονάδες)

3. **Εξήγησε,**

   - με ποιον τρόπο θα συμμετέχεις στο αφιέρωμα
   - τι θα παρουσιάσεις   (12 Μονάδες)

4. **Ανάφερε,**

   - δύο τρόπους ειρηνικής συνύπαρξης ανάμεσα σε ντόπιους και μετανάστες-πρόσφυγες

                                                                                        (4 Μονάδες)

Aufgabenstellung

Migration

Deine Schule plant eine Veranstaltung für Schülerinnen und Schüler aus Einwanderer- und Flüchtlingsfamilien. Du möchtest an dieser Veranstaltung teilnehmen. Verfasse einen Text mit Einleitung, Hauptteil und Schluss. Schreibe mindestens 300–350 Wörter.

1. **Erläutere** zu Beginn deines Artikels,

- die Begriffe Migranten und Flüchtlinge
- deine persönlichen Erfahrungen zum Thema (4 Punkte)

2. **Stelle** die Schwierigkeiten, mit denen sie konfrontiert sind, **dar**

- persönlich

- in der Gesellschaft (10 Punkte)

3. **Erläutere**,

- wie nimmst du an dieser Veranstaltung teil
- was wirst du präsentieren (12 Punkte)

4. **Nenne**,

- zwei Lösungen für ein friedliches Zusammenleben

(4 Punkte)

Ενότητα 10: Ρατσισμός – Διαφορετικότητα – Ανεκτικότητα

Διδακτικοί στόχοι:

- Ο ρατσισμός ως κοινωνικό φαινόμενο
- Έννοια του ρατσισμού και της διαφορετικότητας
- Γνωριμία με τις μορφές του ρατσισμού
- Επαφή με τις έννοιες αποκλεισμός και περιθωριοποίηση
- Εντοπισμός των αιτιών του φαινομένου
- Αναζήτηση επιπτώσεων στο άτομο και στο κοινωνικό σύνολο
- Γνωριμία με τις έννοιες του συντηρητισμού, εθνικισμού και φανατισμού
- Κατηγορίες ανθρώπων που υφίστανται ρατσισμό
- Προσωπικά βιώματα
- Ενδεχόμενες λύσεις στο φαινόμενο

Λεξιλόγιο

- Ρατσισμός
- Φυλετισμός – διάκριση
- Διαφορετικότητα
- Αποκλεισμός – απομόνωση – περιθωριοποίηση
- Εθνικός / φυλετικός / κοινωνικός / θρησκευτικός / πολιτισμικός ρατσισμός
- Εθνικισμός / φανατισμός
- Προκαταλήψεις – στερεότυπα
- Σεξισμός
- Σεβασμός στο διαφορετικό
- Ίση αντιμετώπιση για όλους
- Αποδοχή του „διαφορετικού"
- Κινητοποιήσεις κατά του φαινομένου
- Ο ρόλος των ΜΜΕ και της Παιδείας στον περιορισμό του φαινομένου

Κείμενο για επεξεργασία

Είμαστε όντως διαφορετικοί;

Όσο περίεργο και αν ακούγεται, παρόλη την κοινωνική και τεχνική πρόοδο, οι κοινωνίες παραμένουν στην πλειοψηφία τους συντηρητικές και δύσκολα αποδέχονται το διαφορετικό. Πολύς λόγος γίνεται τελευταία για τη διαφορετικότητα (diversity) που συνοδεύεται από μαζικές κινητοποιήσεις για την απόκτηση ίσων δικαιωμάτων σε ανθρώπους διαφορετικής σεξουαλικής ταυτότητας, χρώματος, με κινητικά ή νοητικά προβλήματα και διαφορετικής από τα προβαλλόμενα πρότυπα εξωτερικής εμφάνισης.

Ήδη οι κινητοποιήσεις αυτές έχουν επιφέρει το ανάλογο αποτέλεσμα. Σε διαφημίσεις καλλυντικών, σε γνωστές σελίδες οίκων μόδας, αλλά και στις πασαρέλες, βλέπουμε ανθρώπους που μέχρι πρόσφατα ήταν αδιανόητο εξαιτίας της διαφορετικότητάς τους (παραπανίσια κιλά, ύψος, πρόβλημα στην επιδερμίδα, ανεξακρίβωτο σεξουαλικό φύλο) να προβληθούν με αυτό τον τρόπο. Στο σημείο αυτό πρέπει να τονιστεί ότι η διαφορετικότητα δεν αποτελεί μόδα, αλλά δικαίωμα ανθρώπινο.

Στο επίκεντρο βρίσκεται η προσωπικότητα ενός ανθρώπου, οι ικανότητές του και ο εσωτερικός του κόσμος και όχι η εξωτερική του εμφάνιση. Μία γυναίκα, για παράδειγμα, που αντιμετωπίζει σεξιστική συμπεριφορά στον εργασιακό της χώρο, αμέσως μπαίνει στο περιθώριο και γίνεται αντικείμενο ρατσιστικής αντιμετώπισης. Το ότι έχει δικαίωμα στην εργασία όπως και ο άντρας, δεν την καθιστά διαφορετική. Άρα εδώ δε μιλάμε για διαφορετικότητα, παρά για δικαίωμα.

Ισχύει όμως αυτό σε όλους τους τομείς της κοινωνίας; Κατά πόσο τα προβαλλόμενα πρότυπα μιας οικογένειας δύο μπαμπάδων ή δύο μαμάδων συμφωνούν με τις αρχές και την ηθική μας; Κατά πόσο η αυτονόητη πλέον ύπαρξη του ουδέτερου φύλου (pangender) είναι όντως αυτονόητη; Στο ερώτημα αυτό δυστυχώς δεν μπορεί να δοθεί απάντηση, γιατί αυτή εξαρτάται από τα βιώματα του καθενός, τις αξίες που μεγάλωσε αλλά και την κοινωνία που ζει. Υπάρχουν κοινωνίες πολύ προοδευτικές που αποδέχονται το «ξεχωριστό» και «περίεργο» και κοινωνίες συντηρητικές που δύσκολα αποδέχονται τέτοιες αλλαγές στην κουλτούρα και νοοτροπία τους.

Η διαφορετικότητα όμως συνδέεται, εκτός από το φύλο, και με την καταγωγή κάποιου, την εθνικότητά του, τις θρησκευτικές και πολιτικές του πεποιθήσεις, αλλά και το επάγγελμά του. Μπορεί να πει κανείς δηλαδή ότι συμβαδίζει με την έννοια του ρατσισμού και των προκαταλήψεων, αφού κάποιος μπαίνει στο περιθώριο εξαιτίας των παραπάνω.

Έτσι, πολλοί άνθρωποι αντιμετωπίζονται με προκατάληψη, επειδή η εργασία τους δεν είναι κοινωνικά αποδεκτή ή θεωρείται υποτιμητική για κάποιους. Από την άλλη, υπάρχει και ο ανάποδος ρατσισμός. Πολλοί κρίνονται θετικά με βάση το επάγγελμα ή την καταγωγή τους, τη γλώσσα που μιλούν ή τις σπουδές τους. Η κοινωνία συνηθίζει να κρίνει πολύ εύκολα ανθρώπους και καταστάσεις, ιδιαίτερα τώρα που τα μέσα κοινωνικής δικτύωσης επιτρέπουν στον καθένα να έχει άποψη και να την εκφράζει κρυμμένος πίσω από το πληκτρολόγιο.

Οπωσδήποτε σημαντικό ρόλο στην έξαρση, αλλά και αντίθετα στον περιορισμό του φαινομένου, παίζει η παιδεία και το σχολείο. Ένα δημοκρατικό και προοδευτικό εκπαιδευτικό σύστημα δεν επιτρέπει σε καμία περίπτωση την καλλιέργεια ρατσιστικής ή εθνικιστικής ιδεολογίας. Απεναντίας, φροντίζει να διαμορφώνει σωστές προσωπικότητες με κριτική σκέψη και σωστή αντίληψη. Ενισχύει το διάλογο και τη συνεργασία, αποφεύγει να δημιουργεί αντιπαλότητες και σέβεται το διαφορετικό.

Καθοριστικό ρόλο διαδραματίζουν και τα μέσα ενημέρωσης, αλλά και η βιομηχανία του θεάματος. Ένα άρθρο, ένα βιβλίο, μία ταινία στον κινηματογράφο, μια θεατρική παράσταση ή και οι στίχοι ενός τραγουδιού, έχουν τη δύναμη όχι μόνο να παρασύρουν, αλλά και να ανοίξουν τα μάτια και το μυαλό. Στο πώς τελικά θα το καταλάβει ο καθένας μας βρίσκεται το κλειδί της σωστής σκέψης. Ας πάρουμε παράδειγμα μία ταινία που αφορά σε αληθινά ιστορικά γεγονότα για τα πάθη ενός λαού (π.χ. Εβραίοι). Μέσα από ντοκουμέντα και αληθινές εμπειρίες, μπορεί ο καθένας μας να κατανοήσει το ιστορικό πλαίσιο και να μην έχει προκαταλήψεις και στερεότυπα για έθνη και φυλές.

Ας φροντίσουμε, επομένως, να καλλιεργήσουμε με τέτοιον τρόπο το νου και τη γνώση μας, ώστε να αποκτήσουμε δική μας άποψη και κρίση. Ας αποδεχθούμε τον άλλον όπως ακριβώς είναι και ας μην τον κρίνουμε με εξωτερικά κριτήρια. Ας κοιτάξουμε βαθιά μέσα στην ψυχή του, για να καταλάβουμε ποιος είναι. Μόνον έτσι θα αποβάλλουμε μια για πάντα από το λεξιλόγιό μας τη λέξη ρατσισμός.

(επιμέλεια κειμένου, Σ. Δημοπούλου)

Ερωτήσεις

1. Να γράψετε την περίληψη του κειμένου σε 60 λέξεις.

2. Να αναφερθείτε σε ιστορικά παραδείγματα ρατσισμού απέναντι σε έθνη και φυλές.

3. Να εξηγήσετε το νόημα της τελευταίας παραγράφου.

Λεξιλογικές ασκήσεις

1. Με τη βοήθεια του λεξικού να βρείτε την ερμηνεία των παρακάτω λέξεων και στη συνέχεια να τις χρησιμοποιήσετε σε προτάσεις: προκαταλήψεις, στερεότυπα, κουλτούρα, νοοτροπία.

2. Για κάθε ένα από τα παρακάτω ρήματα να γράψετε παράγωγα ουσιαστικά ή επίθετα: αποδέχομαι, προβάλλω, κρίνω, καλλιεργώ, συνδέω.

3. Να βάλετε τη σωστή λέξη στα παρακάτω:

α. Υπήρχε μία ………………….. (ανακάλυψη, προκατάληψη, ανάληψη) γύρω από το όνομά του, με αποτέλεσμα να τον θεωρούν αντιπαθή.

β. Η κοινή γνώμη ………………….. (εξαρτάται, δημιουργείται, επηρεάζεται) συχνά από τα μέσα μαζικής ενημέρωσης.

γ. Ήταν τόσο ………………….. (κακόβουλος, συμπαθής, άβουλος), που οτιδήποτε άκουγε, το πίστευε.

δ. Πολλές φορές τα κοινωνικά ………………….. (λογότυπα, στερεότυπα, ανάτυπα) μας οδηγούν σε λανθασμένες κρίσεις.

ε. Τα σχόλια που ακούγονταν για το άτομό του είχαν σαν αποτέλεσμα να ………………….. (διασύρεται, αποσύρεται, παρασύρεται) στον κοινωνικό του περίγυρο.

4. αποδεχθούμε, αποβάλλουμε, νοοτροπία, παρασύρουν, συνεργασία: με το β´ συνθετικό των λέξεων να γράψετε από δύο νέες απλές ή σύνθετες λέξεις.

5. συντηρητικές, μαζικές, αληθινές, ιστορικό, θεατρική, κοινωνικής: να μεταφέρετε τα επίθετα στην ίδια πτώση του άλλου αριθμού.

Συζήτηση – Διάλογος

Rosemary Ketchum

Alexander Grey

Με αφορμή τους αγώνες για την αναγνώριση και τρίτου φύλου, να κάνετε συζήτηση στην τάξη εκφράζοντας τον προβληματισμό και τη θέση σας στο θέμα. Πώς αντιμετωπίζετε σε γενικές γραμμές αυτή τη νέα σεξουαλική επανάσταση;

Mikhail Nilov

Polina Tankilevitch

- Με βάση τις εμπειρίες σας στο σχολικό περιβάλλον, να εκφράσετε προσωπικά ή όχι βιώματα σχετικά με ρατσιστικές συμπεριφορές. Θεωρείτε πως υπάρχουν, και αν ναι, με ποια μορφή και για ποιους λόγους (π.χ. ψυχολογικός πόλεμος);

- Έχετε παρατηρήσει φαινόμενα και εκδηλώσεις βίαιης συμπεριφοράς απέναντι σε μαθητές στο σχολείο σας; Αναφερθείτε σε αυτά με παραδείγματα και εξηγήστε ποιες κατηγορίες μαθητών προβαίνουν συνήθως σε τέτοιες συμπεριφορές.

Κείμενο για προβληματισμό

Η πικρή γνωριμία με το ρατσισμό

Δεν είναι εύκολο να είναι κανείς διαφορετικός, ιδίως όταν είναι παιδί. Τα προβλήματα του μεγαλώματος επιτείνονται, αν ανακαλύψουμε ότι αποκλίνουμε από το μέσο όρο. Δεν υπάρχει αμφιβολία ότι η οικογένειά μου ήταν διαφορετική. Οι γονείς μου μιλούσαν αγγλικά με βαριά ιταλική προφορά. Το στυλ της ζωής μας ήταν ολότελα διαφορετικό, ένα μικρό κομμάτι της Μεσογείου στις ακτές της Αμερικής. Τρώγαμε διαφορετικά φαγητά. Οι συζητήσεις μας ήταν πιο ζωντανές κι οι φωνές μας λίγο πιο δυνατές, οι κινήσεις μας πιο έντονες. Ο κόσμος στον οποίο ζούσαμε ήταν σίγουρα πιο ξένος.

Ήταν συνηθισμένο εκείνο τον καιρό να μας κολλάνε τις ταμπέλες «μακαρονάς» και «μετανάστης». Ποτέ δεν ήμουν απολύτως σίγουρος για το τι σήμαιναν αυτές οι δυο λέξεις, παρ' όλ' αυτά ένιωθα το κεντρί τους. Πρωτόνιωσα αυτό τον πόνο μια μέρα καθώς έφευγα απ' το σχολείο. Βρέθηκα περικυκλωμένος από μια ομάδα παιδιών που μου φώναζαν αυτά τα λόγια.

Ένα από τα παιδιά μου πέταξε ένα κέικ. Η κρέμα και η ζάχαρή του έσκασαν πάνω στο πρόσωπο, τα μαλλιά και τα ρούχα μου. «Βρωμομετανάστη», φώναζαν. «Ο πατέρας σου είναι γκάγκστερ στο Σικάγο κι η μητέρα σου μασάει σκόρδα κι εσύ είσαι γιος μακαρονά! Γιατί δεν τα μαζεύετε να πάτε από κει που ήρθατε»;

Μου φάνηκε ότι πέρασε μια αιωνιότητα ώσπου να απελευθερωθώ από τον κύκλο τους, αφού είχα φάει αρκετές σπρωξιές και μπουνιές. Ταπεινωμένος και κλαίγοντας έσπασα τον κλοιό και όρμησα σπίτι μου. Καθώς έτρεχα γεμάτος θυμό και πικρία, ανακάλυψα ότι δεν είχα κάνει την παραμικρή προσπάθεια να τους ανταποδώσω τα χτυπήματα.

Μόλις έφτασα στο σπίτι κλειδώθηκα στο μπάνιο για να μη με δουν. Παρά την επίπονη προσπάθεια, δεν μπορούσα να σταματήσω τα κλάματα και τα δάκρυά μου ανακατεύονταν με το αίμα στο πρόσωπό μου. Δεν μπορούσα να πιστέψω αυτό που μου συνέβη. Όλα φαίνονταν τόσο λάθος, κι όμως τελικά ήμουν ανίκανος να κάνω οτιδήποτε γι' αυτό.

Τελικά ο πατέρας χτύπησε την πόρτα. «Τι κάνεις εκεί μέσα; Τι σου συμβαίνει;» με ρώτησε. Του εξήγησα. Τελείωσα την ιστορία και περίμενα. Περίμενα ότι ο πατέρας μου θα έκανε ένα σχόλιο που θα με γιάτρευε αυτομάτως, ή ότι με κάποια ενέργεια θα με γαλήνευε και θα έλυνε το πρόβλημα. Αλλά ο πατέρας μου δεν κουνήθηκε.

«Εντάξει», είπε ήσυχα, «έγινε κι αυτό. Σε βρήκαν κι εσένα άνθρωποι που μας πληγώνουν και μας κάνουν να κλαίμε. Δεν μας ξέρουν, κι όμως μας μισούν. Οι δειλοί, που κάνουν τους δυνατούς μόνο όταν είναι πολλοί και τα βάζουν μαζί μας, γιατί ξέρουν ότι δεν είμαστε σε θέση να τους αντιμετωπίσουμε». «Μισώ που είμαι Ιταλός» του εξομολογήθηκα θυμωμένα, «θα ήθελα να είμαι οτιδήποτε άλλο!».

Ο πατέρας μου με κράτησε σφιχτά κι η φωνή του τώρα ήταν δυνατή κι απειλητική. Να μη σε ξανακούσω να το λες αυτό ποτέ! Έπρεπε να είσαι περήφανος γι' αυτό που είσαι. Σκέψου λιγάκι ότι η Αμερική ανακαλύφθηκε και πήρε το όνομά της από έναν Ιταλό! Οι Ιταλοί κάνουν γλυκιά μουσική, τραγουδούν υπέροχα, ζωγραφίζουν τους ωραιότερους πίνακες, γράφουν αριστουργήματα και χτίζουν όμορφα κτήρια. Πώς μπορεί να μην είσαι περήφανος που είσαι Ιταλός;

«Όλ' αυτά όμως δεν τα ξέρουν οι άλλοι», του αντιμίλησα, «θα προτιμούσα να είμαι σαν όλους τους άλλους». «Ε λοιπόν, δεν είσαι! Ο Θεός δεν θέλησε να μας κάνει όλους ίδιους. Μας έκανε διαφορετικούς, για να μπορεί ο καθένας να είναι ο εαυτός του. Ποτέ μη φοβάσαι τις διαφορές. Η διαφορά είναι καλό. Θα σου άρεσε να είσαι σαν τα παιδιά που σ' έδειραν και σου φώναζαν αυτά τα πράγματα; Δε χαίρεσαι που διαφέρεις απ' αυτούς; Να λυπάσαι αυτούς τους ανθρώπους, αλλά να μην τους φοβάσαι. Αν νιώθουμε δυνατοί και περήφανοι γι' αυτό που είμαστε, τότε κανείς δεν θα μπορεί να μας κάνει κακό». Αν και δε βρήκα την εξήγηση του πατέρα μου πολύ ικανοποιητική, κατά κάποιο τρόπο μ' έκανε να νιώσω καλύτερα. Ίσως το γεγονός ότι με πήρε στην αγκαλιά του, με άκουσε και με αγαπούσε να ήταν αρκετό.

Αργότερα η εμπειρία μου μού δίδαξε ότι δεν ήμουν μόνος, ότι αυτές οι επώδυνες συγκρούσεις και ακόμη χειρότερες είχαν συμβεί και στους Εβραίους φίλους μου, τους Μεξικανούς φίλους μου, τους Μαύρους, τους Καθολικούς, και τους ανάπηρους φίλους μου. Ο πατέρας μου είχε δίκιο, όταν μου μάθαινε ότι όσο υπάρχει άγνοια θα υπάρχει και αδικία, όσο υπάρχουν αυτοί που ασυνείδητα μισούν τον εαυτό τους, θα υπάρχουν και διώξεις. Έτσι είναι δυστυχώς η ζωή, οι αποδιοπομπαίοι τράγοι ανήκουν συνήθως σε μια μειονότητα. (Λεό Μπουσκάλια, «Ο πατέρας μου». Αντλήθηκε από το βιβλίο Έκφραση Έκθεση για το ενιαίο Λύκειο, ΟΕΔΒ, διασκευή)

Συμπληρωματικό κείμενο στο θέμα με παραγωγή λόγου

Σχολικός εκφοβισμός (Bullying / Mobbing)

Με τον όρο σχολικός εκφοβισμός, γνωστός στη διεθνή επιστημονική ορολογία ως bullying, εννοείται η επαναλαμβανόμενη και σκόπιμη χρήση βίας μεταξύ μαθητών ή παιδιών παρόμοιας ηλικίας, με σκοπό την πρόκληση πόνου και αναστάτωσης. Ωστόσο, ο σχολικός εκφοβισμός δε θα πρέπει να συνδέεται με τις περιπτώσεις όπου τα παιδιά κάνουν αστεία μεταξύ τους διασκεδάζοντας και οι δύο αληθινά. (εισαγωγή διασκευασμένη της ψυχολόγου Μ. Σπουργίτη, www.psycologynow.gr)

Η βία μεταξύ των μαθητών μπορεί να πάρει τις εξής μορφές: (συμπληρώστε περισσότερες μορφές βίας)

α) σωματική (σπρωξίματα, κλωτσιές, μπουνιές, χαστούκια, τράβηγμα μαλλιών κ.λ.π)

β)

γ)

δ)

ε)

Το παιδί που έχει υποστεί βία και εκφοβισμό στο σχολείο εκδηλώνει περίεργη συμπεριφορά. (συνεχίστε την παράγραφο)

Πώς μπορούν όμως οι γονείς και το σχολείο να βοηθήσουν τόσο το θύτη που ασκεί βία, όσο και το θύμα της; (να αναφέρετε τρεις λύσεις με ανάπτυξη)

Ενότητα 11: Μόδα – Πρότυπα

Διδακτικοί στόχοι:

- Γνωριμία με τη μόδα
- Τομείς που απαντάται (ντύσιμο, μουσική, φαγητό, γλώσσα, τρόπος ζωής, κλπ.)
- Μόδα και πρότυπα
- Η μόδα ως αποτέλεσμα της παγκοσμιοποίησης
- Μόδα και έλλειψη κριτικής
- Μόδα και προσωπικότητα
- Μόδα και καταναλωτισμός
- Μόδα και Νέοι
- Μόδα και ψυχική ικανοποίηση
- Μόδα και κατάθλιψη
- Μόδα και ξενομανία
- Μόδα και τυποποίηση
- Μόδα και ομοιομορφία

Λεξιλόγιο

- Μόδα / Τάση
- Αισθητική – τέχνη
- Κοινωνικά πρότυπα
- Ομοιομορφία – μαζοποίηση – τυποποίηση
- Επιδειξιομανία
- Προσαρμογή στην πρόοδο – ατομική ανάγκη
- Μοντερνισμός – Συντηρητισμός
- Επιβολή – ανάγκη
- Μιμητισμός – ανάγκη κοινωνικής ένταξης και αποδοχής
- Ματαιοδοξία – έλλειψη αυτοπεποίθησης – ρηχότητα
- Υπερκαταναλωτισμός – συνήθεια

Κείμενο για επεξεργασία

Είναι όλα στη μόδα;

Ο τρόπος με τον οποίο κάποιος ντύνεται, διακοσμεί το σπίτι του, συμπεριφέρεται, ζει και ακολουθεί έναν συγκεκριμένο τρόπο ζωής έχει να κάνει με τη μόδα. Η μόδα συνδέεται επομένως όχι μόνο με την εξωτερική εμφάνιση, αλλά και με τον τρόπο σκέψης, τη συμπεριφορά, τη γλώσσα, τις συνήθειες ή τον τρόπο διασκέδασης. Διακρίνεται από τον προσωρινό χαρακτήρα της και αλλάζει αναλόγως με τα πρότυπα κάθε εποχής και κοινωνίας.

Συνήθως το γυναικείο φύλο είναι αυτό που τις περισσότερες φορές ακολουθεί πιστά τη μόδα, αλλά τα τελευταία χρόνια και οι άνδρες, σε μικρότερο βέβαια ποσοστό, δεν πάνε πίσω. Πολύ σημαντικό ρόλο στην προώθηση της μόδας αποτελούν φυσικά οι διαφημίσεις. Στα περιοδικά, στην τηλεόραση, στο διαδίκτυο και ιδιαίτερα στα μέσα κοινωνικής δικτύωσης, η προώθηση προτύπων μόδας έχει μεγάλη δύναμη.

Τη μόδα πρέπει να την αντιμετωπίζουμε ως ένα κοινωνικό φαινόμενο που στοχεύει βασικά στο κέρδος, εφόσον στόχος του καθενός είναι το οικονομικό κέρδος. Με βάση επομένως αυτό, οι εταιρείες παραγωγής ρούχων, καλλυντικών και κοσμημάτων, για τη διαφήμιση του προϊόντος τους χρησιμοποιούν διάσημες προσωπικότητες, που έχουν τη δύναμη να παρασύρουν μια μερίδα ανθρώπων που τους ακολουθεί πιστά. Η παγίδα στην οποία όμως πέφτει ο καταναλωτής είναι η αυταπάτη πως, αν ντυθεί ή συμπεριφερθεί όπως το είδωλό του, θα μοιάζει σε αυτό. Αυτή η έμμεση επιβολή προτύπων γίνεται εντονότερη στην εποχή μας μέσα από τα μέσα κοινωνικής δικτύωσης και τα λεγόμενα άτομα που επηρεάζουν συγκεκριμένες κατηγορίες ανθρώπων (ινφλουένσερ). Μάλιστα είναι τόσο έντονη η παρουσία τους, που πολλοί από αυτούς όχι μόνο επιδρούν στην εξωτερική εμφάνιση των „ακολούθων" τους, αλλά και στον τρόπο σκέψης και συμπεριφοράς.

Η μόδα βέβαια συνδέεται άμεσα και με την κοινωνική αποδοχή και ένταξη σε μία ομάδα. Πολλοί νέοι, κυρίως, γίνονται εύκολα θύματά της, στοχεύοντας στην κοινωνική αποδοχή. Στο σχολείο για παράδειγμα, συνηθίζουν να φοράνε ρούχα και παπούτσια γνωστών και ακριβών εταιρειών και ανήκουν στους cool της παρέας. Έτσι, δίνουν περισσότερη σημασία στο πώς φαίνονται παρά στο πώς είναι.

Η ακολουθία των προτύπων οδηγεί τον άνθρωπο στην αλλαγή της πραγματικής εικόνας του. Δέχεται ό,τι του προσφέρεται και δεν μπορεί να ξεχωρίσει μέσα στο σύνολο. Αν παρατηρήσουμε προσεκτικά μία παρέα αγοριών ή κοριτσιών, θα διαπιστώσουμε τις περισσότερες φορές ότι φοράνε το ίδιο στιλ ρούχων, έχουν παρόμοια κουρέματα ή χτενίσματα και χρησιμοποιούν τις ίδιες γλωσσικές εκφράσεις. Και όλα αυτά, για να ανήκουν σε μια παρέα. Ακόμη και η βία που προβάλλεται συχνά μέσα από ταινίες, στίχους τραγουδιών ή ηλεκτρονικών παιχνιδιών, γίνεται όργανο προς μίμηση ανάλογων πράξεων και συμπεριφορών.

Οπωσδήποτε όμως η μόδα δεν επιδρά μόνο αρνητικά, αλλά και θετικά σε άτομα και κοινωνίες. Πολλά κινήματα στο παρελθόν (π.χ. φεμινισμός) εκφράστηκαν μέσα από τη μόδα. Καλλιτέχνες μέσα από τη μουσική ή τα τραγούδια τους, εξέφρασαν μια ολόκληρη γενιά και την επηρέασαν θετικά. Ακόμη και ένα κράτος προοδεύει οικονομικά μέσα από τη μόδα, καθώς αυξάνονται οι εξαγωγές προϊόντων και καταπολεμάται η ανεργία. Επίσης, μέσω της μόδας εκφράζεται κάποιος, προβάλλοντας έτσι την προσωπικότητά του μέσα από το στιλ και το ύφος του, το οποίο πολλές φορές επηρεάζει θετικά τους γύρω του. Τέλος, η μόδα βοηθά στο να αξιοποιήσει κάποιος τα ταλέντα και τις ικανότητές του, αλλά και να είναι πιο σίγουρος για τον εαυτό του.

Καλό θα είναι ο καθένας μας να έχει την ικανότητα να ξεχωρίζει από το σύνολο, μέσα από την ατομική έκφραση. Να μπορεί να κρίνει τι του ταιριάζει και τι όχι και να μη δέχεται τα πάντα χωρίς να σκέφτεται. Θα πρέπει να προβάλλει την προσωπικότητά του, χωρίς να γίνεται θύμα της μόδας και βέβαια να μην ακολουθεί πιστά αυτό που η κοινωνία προσπαθεί να επιβάλλει. Η κοινωνία έχει ανάγκη από σωστά πρότυπα από όποιον χώρο και αν προέρχονται. Μόνο έτσι θα ξεχωρίσει από το σύνολο και θα διατηρήσει τη μοναδικότητα. Μόνο έτσι θα έχει δική της ταυτότητα και θα μείνει ανεπηρέαστη από αρνητικά πρότυπα.

(επιμέλεια κειμένου, Σ. Δημοπούλου)

Ερωτήσεις

1. Να εξηγήσετε τις έννοιες μόδα και πρότυπα όπως διαφαίνονται μέσα από το κείμενο.

2. Να εκφράσετε τη θέση σας στην τελευταία παράγραφο του κειμένου.

3. Πώς αντιλαμβάνεστε τη φράση „ δίνουν περισσότερη σημασία στο πώς φαίνονται παρά στο πώς είναι";

Λεξιλογικές ασκήσεις

1. Να δώσετε έναν άλλο τίτλο στο κείμενο και να γράψετε πλαγιότιτλους για όλες τις παραγράφους.

2. μόδα, τάση, ομοιομορφία, πρότυπα, συνήθεια, αντιγράφω, θύμα, ακολουθώ, επηρεάζω, επηρεάζομαι, ξεχωρίζω, σύνολο, άτομο: χρησιμοποιήστε τις παραπάνω λέξεις σε μία δική σας παράγραφο με θέμα τη μόδα και τα πρότυπα.

3. σημαντικό, ταιριάζει, συνδέεται, ξεχωρίζει, βοηθά: να γράψετε από μία συνώνυμη για κάθε μία από τις παραπάνω λέξεις.

Θέματα δημιουργικής σκέψης και κριτικής άποψης

 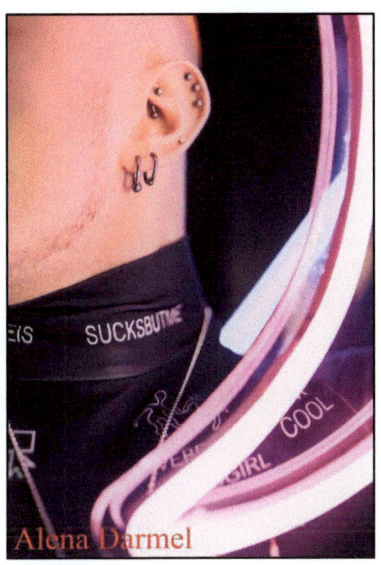

1. Συζητήστε στην τάξη τα τατουάζ και το Piercing ως αυτοέκφραση ή μόδα. Διατυπώστε τη γνώμη σας σε έναν διάλογο με τις / τους συμμαθήτριες / τές σας.

2. Κρίνετε έναν άνθρωπο με βάση την εξωτερική του εμφάνιση; Θεωρείτε πως η εξωτερική εμφάνιση αποτελεί κριτήριο κοινωνικής καταξίωσης;

3. Πιστεύετε πως θα έπρεπε στα σχολεία να επιβληθεί συγκεκριμένη μαθητική στολή; Επιχειρηματολογήστε υπέρ ή κατά της άποψης.

Συμπληρωματική εργασία

Πρότυπα

Δε θέλω χρόνο μαζί σου

Ήρθα να δω το χαρτί σου

Φέρε το πιστόλι στη τσέπη

Ξέρεις μην με κάνετε έτσι

Χορεύουν οι π@@@@νες σα ντέφι

Ξέρεις το σκοτώνω όταν απλά έχω κέφι

Δε θέλω χρόνο μαζί σου

Άμα δεν γουστάρεις γ@@@σου

Έχω το εννιάρι στη τσέπη

Τους είπα μην με κάνουνε έτσι

(στίχοι τραγουδιού: Mad Clip – Megistanas)

Bid daddy nobody like me

Φωνάζει το όνομα μου και νιώθει μοναδική

Το κουνάει σαν βραζιλιάνα και εδώ έχουμε ζαλιστεί

Κοίτα πως το πάει μια από δω, δυο από 'κεί

Αυτό το πρόσωπο είναι σαν πορσελάνη

Μαυρισμένη σαν να ζεί στο Miami

Μακριά μαύρα μαλλιά σαν την Kylie

Και πίσω κουνά σαν M5 oh mommy

Το πάει σαν ping pong στο TikTok

(στίχοι τραγουδιού: Thug Slime – Θείος)

1. Αφού διαβάσετε τους στίχους των παραπάνω τραγουδιών, να εκφράσετε την άποψή σας σχετικά με το περιεχόμενο και τα πρότυπα που προβάλλουν. Θεωρείτε εν μέρει «επικίνδυνη» αυτή τη μουσική τάση, και αν ναι, γιατί;

2. Προσπαθήστε μέσα από μία ομαδική εργασία να συνθέσετε στίχους που να μεταφέρουν υγιή πρότυπα και κοινωνικό προβληματισμό. Συγκρίνετε τα παραπάνω τραγούδια με το ακόλουθο και εντοπίστε τις διαφορές:

Έμαθα ότι οι πιο άσχημες ψυχές

κρύβονται πάντα στα πιο ωραία περιτυλίγματα

και κάνουν τις κατάρες να μοιάζουν σαν ευχές

που στη σιωπή τους οι κραυγές ακούγονται σαν βήματα

έμαθα πως υπάρχουν γύρω κάποιοι άγγελοι

μα πίσω από τα πανέμορφά τους φωτοστέφανα

κρύβεται μόνο ο φθόνος και η απάτη

και έχουν το μυαλό τους μόνο για να πλάθουν ψέματα

γλυκιά μου πίσω απ' το χαμόγελο σου που λάμπει

και που συχνά αμέριμνος κάθομαι και χαζεύω

ξέρω πως από πίσω κρύβεται μόνο σκοτάδι

μα να χαθώ μέσα στα σκοτάδια σου δε γυρεύω

(Εξωκοσμικός: „Κοίτα να αλλάξεις")

3. Αναζητήστε στο διαδίκτυο τραγούδια με στίχους που να αναφέρονται σε σύγχρονα κοινωνικά προβλήματα και παρουσιάστε τα αποτελέσματά σας μέσα στην τάξη. Στη συνέχεια, θέστε ερωτήματα στις συμμαθήτριες και συμμαθητές σας σχετικά με τις επιλογές σας. Μπορείτε επίσης να παρουσιάσετε και τραγούδια με στίχους μοντέρνους που προβάλλουν τα σημερινά πρότυπα και να συζητήσετε τι είναι αυτό τελικά που ωθεί έναν καλλιτέχνη να εκφραστεί με αυτό τον τρόπο.

Ενότητα 12: Γλώσσα – Πολυγλωσσία

Διδακτικοί στόχοι:

- Γνωριμία με τον όρο Πολυγλωσσία
- Κατανόηση της γλώσσας ως φαινόμενο μεταβλητό
- Η γλώσσα ως δείγμα πολιτισμού
- Διαφοροποίηση της γλώσσας (π.χ. γλώσσα των Νέων)
- Η γλώσσα ως κοινωνική ταυτότητα
- Γλώσσα και γλωσσομάθεια
- Αιτίες γλωσσικής φτώχειας
- Συνέπειες γλωσσικής φτώχειας
- Μέσα που συμβάλλουν στον εμπλουτισμό της γλώσσας
- Γλώσσα και Παιδεία - Εκπαίδευση
- Γλώσσα και Κοινωνία
- Γλώσσα και Μόδα
- Ξενομανία στη γλώσσα
- Γλώσσα και παράδοση
- Τρόποι διατήρησης της γλωσσικής παράδοσης
- Σημασία εκμάθησης της μητρικής γλώσσας στο εξωτερικό

Λεξιλόγιο

- Πολυγλωσσία / Μητρική γλώσσα
- Γλώσσα ζωντανή / μεταβαλλόμενη
- Γλώσσα της νεολαίας / πολιτική / επιστημονική / γλώσσα των ΜΜΕ
- Αλλοίωση της γλώσσας / παράγοντες αλλοίωσης
- Λεξιπενία (φτωχό λεξιλόγιο)
- Κώδικας επικοινωνίας / τρόπος σκέψης / γλώσσα κωφάλαλων / γλώσσα σώματος
- Τρόπος έκφρασης / πνευματικό επίπεδο
- Ιδίωμα / διάλεκτος
- Εκμάθηση ξένων γλωσσών / προτερήματα

Κείμενο για επεξεργασία

Γλώσσα καταγωγής και πολιτισμική ταυτότητα

Η γλώσσα αποτελεί το σημαντικότερο μέσο επικοινωνίας μεταξύ των ανθρώπων. Ένας κώδικας λέξεων, νοημάτων, κινήσεων, που μέσα από αυτόν εκφράζουμε απλά αλλά και σύνθετα νοήματα. Η γλώσσα έχει δύναμη, γιατί εξελίσσει τον πνευματικό πολιτισμό, ενισχύει το διάλογο, λειτουργεί ως μέσο πειθούς, εκφράζει συναισθήματα και διαμορφώνει ιδεολογίες.

Η γλώσσα διαρκώς αλλάζει και εξελίσσεται σύμφωνα με τις κοινωνικές συνθήκες και τις ανθρώπινες ανάγκες. Η μητρική είναι η γλώσσα με την οποία γεννιέται ο άνθρωπος και μαθαίνει μέσα στο οικογενειακό, και όχι μόνο, περιβάλλον του. Με αυτήν διαμορφώνει όχι μόνο την εθνική, αλλά και την πολιτισμική του ταυτότητα.

Η γλώσσα έχει αλλάξει στο πέρασμα του χρόνου, γεγονός που οφείλεται σε διαφορετικούς παράγοντες. Η τεχνολογική εξέλιξη και η χρήση των ηλεκτρονικών συσκευών αποτελούν τον σημαντικότερο. Ιδιαίτερα οι νεαρές ηλικίες συνηθίζουν να χρησιμοποιούν τυποποιημένες λέξεις και πολλές φορές με τη μορφή συντομογραφίας. Έτσι, παρατηρείται ότι αντί για δηλαδή, γράφουν δλδ, αντί για Σαββατοκύριακο, ΣΚ, αντί για γιατί, γτ.. κλπ. Εκτός από αυτό, χρησιμοποιούν σύμβολα για να εκφράσουν τη χαρά, τη λύπη ή το θυμό τους, γεγονός που τους οδηγεί στο να μην μπορούν να εκφράσουν με λέξεις τα συναισθήματά τους. Αυτή η τυποποίηση της γλώσσας οδηγεί στο φαινόμενο όχι μόνο της λεξιπενίας (φτωχό λεξιλόγιο), αλλά και της μη σωστής ορθογραφίας. Επίσης, ανησυχητικό είναι το γεγονός ότι με τη χρήση των ηλεκτρονικών συσκευών στα σχολεία (τάμπλετ), το παιδί αρχίζει και ξεχνά να γράφει σε ένα τετράδιο.

Ας εξετάσουμε τώρα τη σημασία εκμάθησης της μητρικής γλώσσας, ειδικά σε κοινωνίες που ζουν πολλοί λαοί με διαφορετική κουλτούρα και γλώσσα. Όταν ένα παιδί μεγαλώνει σε μία ξένη χώρα από γονείς με κοινή καταγωγή, θα πρέπει από τη βρεφική του ηλικία να αρχίσει να μαθαίνει τη γλώσσα του. Όταν από την άλλη οι γονείς έχουν διαφορετική καταγωγή, καλό είναι να μιλά και τις δύο γλώσσες εξίσου καλά.

Όταν κάποιος μαθαίνει να μιλά άπταιστα στη μητρική του γλώσσα, έχει καλύτερη εξέλιξη. Είναι δηλαδή πιο ικανός στο να μάθει καλύτερα μια δεύτερη ή τρίτη ξένη γλώσσα. Εξάλλου, γνωρίζοντας τη μητρική μας γλώσσα, μαθαίνουμε καλύτερα μία ξένη. Στη δική μας περίπτωση, η ελληνική δε θεωρείται άδικα η μητέρα όλων των γλωσσών. Η ορολογία στις περισσότερες επιστήμες, ιδιαίτερα στην ιατρική, είναι ελληνική. Ένας Έλληνας μαθαίνει ευκολότερα μία ευρωπαϊκή γλώσσα συγκριτικά με έναν ξένο που θέλει να μάθει ελληνικά.

Η γνώση της μητρικής γλώσσας ενισχύει επίσης την πολιτισμική ταυτότητα του ανθρώπου και δεν τον απομακρύνει από τη γλωσσική και εθνική του παράδοση. Έτσι, γνωρίζουμε καλύτερα το πολιτισμικό μας παρελθόν, διατηρούμε τα ήθη και έθιμα και κρατάμε ζωντανές τις ρίζες μας. Αυτό βέβαια δε σημαίνει πως πρέπει να μιλάμε μόνο στη μητρική μας γλώσσα εμείς που ζούμε στο εξωτερικό, αλλά αντιθέτως να γνωρίζουμε καλά και τη γλώσσα της χώρας που ζούμε, ώστε να ενσωματωθούμε ομαλά στην κοινωνία αυτή.

Με την εκμάθηση της μητρικής γλώσσας, ο άνθρωπος νιώθει μεγαλύτερη αυτοεκτίμηση και περηφάνεια. Νιώθει πως ανήκει σε μία παράδοση, σε ένα έθνος. Τον βοηθά να σκέφτεται, να εκφράζεται, να συλλαμβάνει ιδέες, να μεταφέρει απόψεις, να καλλιεργεί κριτική σκέψη και να εντάσσεται σε μία πολυπολιτισμική κοινωνία. Ο μεγάλος μας ποιητής και ακαδημαϊκός Νικηφόρος Βρεττάκος γράφει χαρακτηριστικά για την ελληνική γλώσσα: «Όταν κάποτε φύγω από τούτο το φως θα ελιχθώ προς τα πάνω, όπως ένα ποταμάκι που μουρμουρίζει. Κι αν τυχόν κάπου ανάμεσα στους γαλάζιους διαδρόμους συναντήσω αγγέλους, θα τους μιλήσω Ελληνικά, επειδή δεν ξέρουνε γλώσσες. Μιλάνε μεταξύ τους με μουσική».

(επιμέλεια κειμένου, Σ. Δημοπούλου)

Ερωτήσεις

1. Να γράψετε την περίληψη του κειμένου σε 60 λέξεις περίπου.

2. Να αναφερθείτε και σε άλλες αιτίες γλωσσικής φτώχειας. Για ποιους λόγους πιστεύετε ότι η γλώσσα αλλάζει;

3. «Με την εκμάθηση της μητρικής γλώσσας, ο άνθρωπος νιώθει μεγαλύτερη αυτοεκτίμηση και περηφάνεια. Νιώθει πως ανήκει σε μία παράδοση, σε ένα έθνος»: εξηγήστε με παραδείγματα και προσωπικά βιώματα τη σημασία της παραπάνω διαπίστωσης.

4. Να αναφερθείτε με βάση τις δικές σας εμπειρίες, σε ποιες περιπτώσεις στην καθημερινότητά σας συντομεύετε το λόγο και γιατί.

Συμπληρωματικό κείμενο για τη σημασία της ελληνικής γλώσσας

Η αγγλική γλώσσα έχει 490.000 λέξεις, από τις οποίες 41.615 λέξεις προέρχονται από την ελληνική γλώσσα (βιβλίο Γκίνες).

Η Ελληνική, με τη μαθηματική δομή της, είναι η γλώσσα της πληροφορικής και της νέας γενιάς των εξελιγμένων υπολογιστών, διότι μόνο σε αυτή δεν υπάρχουν όρια (Μπιλ Γκέιτς, Microsoft).

Η Ελληνική και η Κινεζική είναι οι μόνες γλώσσες με συνεχή ζωντανή παρουσία από τους ίδιους λαούς και στον ίδιο χώρο εδώ και 4.000 έτη. Όλες οι γλώσσες θεωρούνται κρυφοελληνικές, με πλούσια δάνεια από τη μητέρα των γλωσσών, την Ελληνική (Francisco Adrados, γλωσσολόγος).

Η ελληνική γλώσσα περιλαμβάνει λέξεις και έννοιες που παραμένουν χωρίς απόδοση στις υπόλοιπες γλώσσες, όπως άμιλλα, θαλπωρή και φιλότιμο. Μόνον η ελληνική γλώσσα ξεχωρίζει τη ζωή από το βίο, την αγάπη από τον έρωτα. Μόνον αυτή διαχωρίζει, διατηρώντας το ίδιο ριζικό θέμα, το ατύχημα από το δυστύχημα, το συμφέρον από το ενδιαφέρον.

Το εκπληκτικό είναι ότι η ίδια η ελληνική γλώσσα μάς διδάσκει συνεχώς πώς να γράφουμε σωστά. Μέσω της ετυμολογίας, μπορούμε να καταλάβουμε ποιος είναι ο σωστός τρόπος γραφής, ακόμα και λέξεων που ποτέ δεν έχουμε δει ή γράψει.

Το «πειρούνι», παραδείγματος χάριν, για κάποιον που έχει βασικές γνώσεις αρχαίων ελληνικών, είναι προφανές ότι γράφεται με «ει» και όχι με «ι», όπως πολύ άστοχα το γράφουμε σήμερα. Ο λόγος είναι πολύ απλός: το «πειρούνι» προέρχεται από το ρήμα «πείρω», που σημαίνει τρυπώ – διαπερνώ, ακριβώς επειδή τρυπάμε με αυτό το φαγητό, για να το πιάσουμε. Επίσης, η λέξη «συγκεκριμένος» φυσικά και δεν μπορεί να γραφτεί «συγκεκρυμμένος», καθώς προέρχεται από το «κριμένος» (αυτός που έχει δηλαδή κριθεί) και όχι βέβαια από το «κρυμμένος» (αυτός που έχει κρυφτεί).

Επομένως, το γεγονός ότι υπάρχουν πολλά γράμματα για τον ίδιον ήχο (π.χ., η, ι, υ, ει, οι) όχι μόνο δε θα έπρεπε να μας δυσκολεύει, αλλά αντιθέτως θα έπρεπε να μας βοηθά να γράφουμε πιο σωστά, εφόσον βεβαίως κατανοούμε κατ' αρχήν τη γλώσσα μας. Επιπλέον, η ορθογραφία, με τη σειρά της, μας βοηθά αντίστροφα στην ετυμολογία αλλά και στην ανίχνευση της ιστορικής πορείας καθεμιάς λέξης. Κι αυτό που μπορεί να μας βοηθήσει να κατανοήσουμε την καθημερινή μας γλώσσα, τη νέα ελληνική, περισσότερο από οτιδήποτε άλλο είναι η γνώση των Αρχαίων Ελληνικών. Είναι πραγματικά συγκλονιστικό συναίσθημα το να μιλάς και ταυτόχρονα να συνειδητοποιείς τι ακριβώς λες, να εκστομίζεις την κάθε λέξη, το σημαίνον, και ταυτόχρονα να σκέφτεσαι τη σημασία της, το σημαινόμενο. Γι' αυτούς τους λόγους, η ελληνική γλώσσα έχει κατακτήσει τον κόσμο και γι' αυτούς τους λόγους, πρέπει να νιώθουμε περήφανοι που είναι η μητρική μας γλώσσα.

(άρθρο διασκευασμένο από την εφημερίδα Τα Νέα, 25.09.2019)

Λεξιλογικές ασκήσεις

1. Προσπαθήστε να γράψετε στα ελληνικά την παρακάτω ομιλία του Ξενοφώντα Ζολώτα στην Ουάσιγκτον στις 26 Σεπτεμβρίου 1957:

Kyrie, I eulogize the archons of the Panethnic Numismatic Thesaurus and the Ecumenical Trapeza for the orthodoxy of their axioms, methods and policies, although there is an episode of cacophony of the Trapeza with Hellas.

With enthusiasm we dialogue and synagonize at the synods of our didymous Organizations in which polymorphous economic ideas and dogmas are analyzed and synthesized. Our critical problems such as the numismatic plethora generate some agony and melancholy.

This phenomenon is characteristic of our epoch. But, to my thesis, we have the dynamism to program therapeutic practices as a prophylaxis from chaos and catastrophe. In parallel, a panethnic unhypocritical economic synergy and harmonization in a democratic climate is basic. I apologize for my eccentric monologue. I emphasize my eucharistia to you Kyrie, to the eugenic and generous American Ethnos and to the organizers and protagonists of this Amphictyony and the gastronomic symposia.

2. Να γράψετε 10 λέξεις που υπάρχουν στη γερμανική γλώσσα και έχουν ελληνική ρίζα.

3. γλώσσα: να γράψετε 5 σύνθετες λέξεις που να περιέχουν τη λέξη γλώσσα (π.χ. γλωσσομάθεια).

Θέματα για συζήτηση και έκφραση

1. Αφού εξηγήσετε τον όρο πολυγλωσσία, να αναφερθείτε στη σημασία του να γνωρίζει κάποιος ξένες γλώσσες (γραπτώς).

2. Η φίλη / ο φίλος σας ψάχνει για δουλειά, αλλά δε γνωρίζει καμία ξένη γλώσσα και είναι αντίθετη / ος στο να μάθει. Προσπαθείτε με διάλογο να την / τον πείσετε για το αντίθετο.

3. Εξηγήστε στις παρακάτω απόψεις την αξία της ελληνικής γλώσσας, όπως την αντιλαμβάνεστε. Ποια είναι η δική σας εμπειρία από την εκμάθηση της μητρικής σας γλώσσας;

α. «Η Ελληνική έχει ομοιογένεια σαν την Γερμανική, είναι όμως πιο πλούσια από αυτήν. Έχει τη σαφήνεια της Γαλλικής, έχει όμως μεγαλύτερη ακριβολογία. Είναι πιο ευλύγιστη από την Ιταλική και πολύ πιο αρμονική από την Ισπανική. Έχει δηλαδή ό,τι χρειάζεται για να θεωρηθεί η ωραιότερη γλώσσα της Ευρώπης». (Κάρολος Φωριέλ)

β. «Η αρχαία Ελλάδα μας προσφέρει μια γλώσσα, για την οποία θα πω ότι είναι οικουμενική. Όλος ο κόσμος πρέπει να μάθει Ελληνικά, επειδή η Ελληνική γλώσσα μας βοηθάει πρώτα απ' όλα να καταλάβουμε τη δική μας γλώσσα». (Ζακλίν ντε Ρομιγύ)

Παραγωγή λόγου (διάρκεια 120 λεπτά)

Πολυγλωσσία

Με αφορμή την „Παγκόσμια Ημέρα Μητρικής Γλώσσας" το σχολείο σου σχεδιάζει διάφορες δραστηριότητες. Ως μέλος της σχολικής επιτροπής, θα ήθελες να συμμετέχεις σε αυτές και να αναφερθείς σχετικά στην ιστοσελίδα του σχολείου σου. Γράψε ένα άρθρο για τη σχολική εφημερίδα στο οποίο θα υπάρχει πρόλογος, κυρίως θέμα και επίλογος και όπου θα εκφράζεις διάφορες απόψεις για το θέμα σε ένα κείμενο 300–350 λέξεων το λιγότερο.

1. **Παρουσίασε** στην αρχή του άρθρου σου,

   - σε ποιο βαθμό μεγάλωσες με πολλές γλώσσες
   - πώς είναι η καθημερινότητά σου στην πολύγλωσση οικογένειά σου

   (4 Μονάδες)

2. **Εξήγησε** τι σημαίνει για σένα προσωπικά το θέμα Πολυγλωσσία σε σχέση με,

   - τις προσωπικές σου εμπειρίες στην εκμάθηση γλωσσών,
   - τις προσωπικές σου εμπειρίες στον σχολικό και κοινωνικό σου περίγυρο και βγάλε ένα συμπέρασμα   (10 Μονάδες)

3. **Εξήγησε** τι εκδήλωση προγραμματίζεις. Γράψε,

   - τι είδους εκδήλωση ετοιμάζεις και πού θα παρουσιαστεί
   - τι υλικό χρειάζεσαι για αυτήν
   - για ποιον προορίζεται   (12 Μονάδες)

4. Η «Παγκόσμια Ημέρα Μητρικής Γλώσσας» ανακηρύχθηκε από την UNESCO το 2000.

   - **Αιτιολόγησε** γιατί κατά την άποψή σου θα πρέπει κάθε χρόνο να γιορτάζουμε τη μέρα αυτή. Γράψε τουλάχιστον δύο λόγους.

   (4 Μονάδες)

Aufgabenstellung

Mehrsprachigkeit - Sprachvielfalt[1]

Anlässlich des „Internationalen Tages der Muttersprache" plant deine Schule verschiedene Aktionen. Als Mitglied der Schulvertretung möchtest du dich beteiligen und darüber in einem Artikel auf eurer Schulhomepage berichten. Verfasse einen Text mit Einleitung, Hauptteil und Schluss. Schreibe mindestens **300–350 Wörter**.

1. **Stelle** zu Beginn deines Artikels **dar,**

- inwiefern du mehrsprachig aufgewachsen bist,
- wie dein Alltag in deiner mehrsprachigen Familie aussieht

(4 Punkte)

2. **Erläutere**, welche Bedeutung das Thema Mehrsprachigkeit für dich persönlich hat in Bezug auf,

- persönliche Erfahrungen beim Erlernen von Sprachen,
- persönliche Erfahrungen in deinem schulischen und sozialen Umfeld und ziehe ein Fazit (10 Punkte)

3. **Erläutere**, welche Aktion du planst. Schreibe darüber,

- was für eine Art von Aktion du konkret planst und wo sie stattfindet
- welches Material du dafür benötigst
- für wen sie gedacht ist (12 Punkte)

4. Der „Internationale Tag der Muttersprache" wurde im Jahr 2000 von der UNESCO ins Leben gerufen. **Begründe** abschließend, warum deiner Meinung nach ein solcher Tag jährlich gefeiert werden sollte (nenne zwei Gründe)

(4 Punkte)

---

[1] Θέμα προτεινόμενο σύμφωνα με τις οδηγίες του Υπουργείου Παιδείας της Βεστφαλίας για τις εξετάσεις στη μητρική γλώσσα.
https://www.standardsicherung.schulministerium.nrw.de/cms/

Ενότητα 13: Θέματα κοινωνικού προβληματισμού (συμπλήρωμα στις ενότητες)

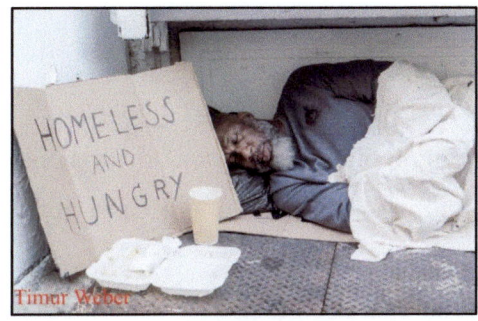 

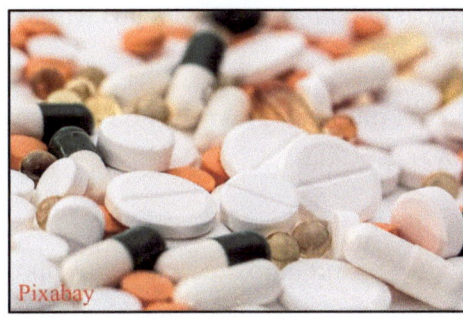 

1. Αναφερθείτε στα σύγχρονα κοινωνικά προβλήματα με βάση τις παραπάνω εικόνες.

2. Ποιο θεωρείτε εσείς σοβαρότερο και γιατί; Αναλύστε σε μία παράγραφο.

3. Με ποιους τρόπους μπορεί ένα κράτος να περιορίσει τους άστεγους;

4. Με βάση τη δεύτερη εικόνα, εξηγήστε τους λόγους που υπάρχει μοναξιά και καιάθλιψη στη σημερινή εποχή.

5. Ποιοι λόγοι οδηγούν τους νέους στις εξαρτήσεις; Πώς μπορεί άτομο και κράτος να συμβάλουν στον περιορισμό του προβλήματος;

6. Για ποιους λόγους γίνονται πόλεμοι; Τι προϋποθέτει η εδραίωση της ειρήνης; Προτείνετε λύσεις.

Κείμενο για επεξεργασία

Ας προβληματιστούμε όλοι για τα αδέσποτα….

Είναι γνωστό το πρόβλημα που αντιμετωπίζουν πολλές χώρες παγκοσμίως από την πληθώρα αδέσποτων ζώων που υπάρχουν στους δρόμους. Η $4^η$ Απριλίου έχει οριστεί ως η Παγκόσμια Ημέρα Προστασίας Αδέσποτων. Ας μάθουμε ορισμένα χρήσιμα πράγματα λοιπόν!

- Μόνο 1 στους 10 σκύλους που γεννιούνται θα βρει μόνιμο σπίτι.

- Ένας από τους βασικότερους λόγους που τα ζώα βρίσκονται στον δρόμο είναι ότι οι ιδιοκτήτες τους τα εγκαταλείπουν.

- Στην Αμερική, περίπου 7,6 εκατομμύρια ζώα συντροφιάς καταλήγουν σε καταφύγια ζώων κάθε χρόνο. Από αυτά, περίπου 3,9 εκατομμύρια είναι σκύλοι και 3,4 εκατομμύρια γάτες.

- Είναι αδύνατο να προσδιοριστεί πόσα αδέσποτα σκυλιά και γάτες ζουν στον δρόμο.

- Πολλά αδέσποτα είναι χαμένα κατοικίδια ζώα που δεν κρατήθηκαν σωστά σε εσωτερικούς χώρους ή δεν είχαν επάνω τους στοιχεία ταυτότητας ή τσιπάκι.

Ας αναλάβουμε δράση!

- Τοποθετήστε σε ασφαλή σημεία στη γειτονιά σας νερό και ξηρά τροφή. Προσοχή: Μην αφήνετε στο δρόμο τα απομεινάρια από το φαγητό σας, το οποίο όχι μόνο αντιτίθεται στους υγειονομικούς κανόνες, αλλά μπορεί να αποβεί επικίνδυνο για τα ίδια τα ζώα και την υγεία τους.

- Αναζητήστε και μάθετε περισσότερα για τις φιλοζωϊκές οργανώσεις της περιοχής σας και στηρίξτε τις με όποιον τρόπο μπορείτε.

- Κοινοποιήστε αγγελίες υιοθεσίας. Αργά ή γρήγορα κάποιος από τους φίλους σας θα αναγνωρίσει σε μία φωτογραφία το ζωάκι που θα του αλλάξει τη ζωή!

-Δείξτε αλληλεγγύη σε ιδιοκτήτες κατοικιδίων. Το να φροντίζεις ένα ζώο είναι πολλές φορές απαιτητικό. Αν προσφερθείτε να κρατήσετε για λίγες μέρες εσείς το κατοικίδιο κάποιου γνωστού σας που πρέπει να λείψει, ή να πηγαίνετε βόλτα το σκυλάκι κάποιου που έχει βρεθεί σε δύσκολη κατάσταση από πρόβλημα υγείας ή έλλειψη χρόνου, ελαχιστοποιείτε την πιθανότητα να βρεθεί αυτό το ζώο στον δρόμο. Και μπορεί να θελήσετε κι εσείς να υιοθετήσετε ένα…..

- Ανοίξτε την καρδιά σας και αδειάστε τα κλουβιά!

(Άρθρο διασκευασμένο www.ertnews.gr)

Ερωτήσεις

1. Εκφράστε τη θέση σας στο παραπάνω απόσπασμα. Πώς αντιμετωπίζετε το γεγονός ότι υπάρχουν πολλά αδέσποτα ζώα στους δρόμους της χώρας σας;

2. Αν ήσασταν δήμαρχος μιας πόλης, τι μέτρα θα παίρνατε για το φαινόμενο και τι λύσεις θα προτείνατε;

Συμπληρωματικό θέμα για συζήτηση

- Αναφερθείτε στο θέμα που απεικονίζουν οι φωτογραφίες και εκφράστε τα συναισθήματά σας.

- Με βάση την προσωπική σας εμπειρία, να περιγράψετε πώς βιώσατε την περίοδο της πανδημίας σε σχέση

α. με την καθημερινότητά σας

β. με τους άλλους

γ. με το σχολείο

- Διδαχθήκατε κάτι από αυτό το πρόβλημα που αντιμετώπισε η ανθρωπότητα; Αν ναι, γιατί; Αν όχι, γιατί;

Κείμενο για επεξεργασία

Παιδική και εφηβική εγκληματικότητα

Η παρατεταμένη καραντίνα, η απομάκρυνση από τη σχολική, κοινωνική και εκπαιδευτική δραστηριότητα και η πολύωρη ενασχόληση με τα ηλεκτρονικά παιχνίδια και το διαδίκτυο, συνδέονται με τις βίαιες συμπεριφορές των νέων. Ωστόσο, οι ειδικοί στέκονται ιδιαίτερα στις ευθύνες των γονέων, ζητώντας τους να παρεμβαίνουν αμέσως, όταν βλέπουν αλλαγή στη στάση και την ψυχολογία των παιδιών τους. Ο εγκλεισμός, η απομόνωση, η απομάκρυνση των νέων, τα προβλήματα της οικογένειας, που ενδεχομένως σε κάποιες έχουν αυξηθεί, αποτελούν παράγοντες που ενισχύουν την αύξηση της βίαιης συμπεριφοράς. Η κα. Καππάτου Αλεξάνδρα, ψυχολόγος – παιδοψυχολόγος, εξηγεί ότι τα τελευταία χρόνια υπάρχουν κάποια περιστατικά που αφορούν στη δημιουργία συμμοριών σε περιοχές με στόχο τον έλεγχο τους. Οι συγκεκριμένες ομάδες νέων που συγκεντρώνονται για διάφορους λόγους, μπορεί να εκφοβίσουν αρχικώς άλλα παιδιά παρόμοιων ή μικρότερων ηλικιών, προσπαθώντας με αυτό τον τρόπο να επιβληθούν, να επιβεβαιωθούν στα μάτια των άλλων μελών της ομάδας, κάνοντας επίσης μικροκλοπές, βανδαλισμούς ακόμα και χρήση ουσιών και αλκοόλ. Τα παιδιά στην εφηβεία έχουν ανάγκη να δημιουργήσουν την προσωπική τους ταυτότητα, αναφέρει η ίδια και συνεχίζει, «αυτό μπορεί να είναι ένα παιδί με χαμηλή αυτοεκτίμηση, να μην έχει καλή επικοινωνία με τους γονείς του ή με τους συνομηλίκους του, να έχει υποστεί απόρριψη ή απογοήτευση, ή να μπορεί να είναι μάρτυρας ενδοοικογενειακής βίας. Ίσως προέρχεται από μια δυσλειτουργική οικογένεια και έχει μεγαλύτερη ανάγκη να ενταχτεί σε μια ομάδα συνομηλίκων προκειμένου να γίνει αποδεκτός».

Το συναισθηματικό κενό που είχε δημιουργηθεί από την απουσία ουσιαστικής σχέσης με τους γονείς έρχονταν να καλύψουν τα υλικά αγαθά και κυρίως τα ηλεκτρονικά παιχνίδια και κινητά. Έγιναν αυτά η παρέα των παιδιών, ήταν πάντα εκεί διαθέσιμα να τα διασκεδάσουν. Δημιούργησαν νέους ήρωες, οι οποίοι είναι αδίστακτοι, άγριοι και επιθετικοί. Αυτό που ζούμε είναι απλώς το δημιούργημα που εμείς οι γονείς επιτρέψαμε να γίνει. Η καραντίνα μας ανάγκασε να κοιτάξουμε στα μάτια τα κοινωνικά μας προβλήματα. Τώρα είναι η ώρα να παλέψουμε μόνοι μας ή με τη βοήθεια ειδικών, για να τα επιλύσουμε. Η καλύτερη πρόληψη είναι η υγιής οικογενειακή σχέση, η επικοινωνία, η συζήτηση, η τέχνη, ο χορός και ο αθλητισμός, η αποδοχή των συναισθημάτων, οι φίλοι και οι παρέες, τονίζουν οι ειδικοί.

(άρθρο ελαφρώς διασκευασμένο www.dikaiologitika.gr)

Εργασία

Να συζητήσετε το κοινωνικό πρόβλημα της παιδικής / εφηβικής βίας και να αναφερθείτε σε τυχόν περιστατικά που έχετε βιώσει ή ακούσει στο σχολικό ή έξω χώρο. Θεωρείτε πως η κατάσταση έχει γίνει πλέον ανεξέλεγκτη; Δικαιολογήστε.

Γλωσσικές ασκήσεις

1. Από τα παρακάτω ρήματα, να σχηματίσετε παράγωγα ουσιαστικά, π.χ. λάμπω: λάμψη.

μιλάω = ..., επιμένω = ..., αγαπώ =............, γράφω = ..., φταίω =..............., συγχωρώ = ..., αποφασίζω = ...

2. Με πρώτο συνθετικό τα μόρια που σας δίνονται, να σχηματίσετε νέες σύνθετες λέξεις, π.χ. συν + γράφω = συγγραφέας.

ευ-, δυσ-, ξε-, αν (α)-, αμφι-, δια-, επι-, προσ-, απο-, συν-.

3. Να σχηματίσετε τον πληθυντικό αριθμό των παρακάτω ουσιαστικών και να τονίσετε σωστά: ο κατήφορος, η παράγραφος, ο έφηβος, ο σύλλογος, η έξοδος, ο ταμίας, το ταμείο, ο αγώνας, ο αέρας, το πλεονέκτημα.

4. Να προσθέσετε το (ι, η, υ, οι, ει) που λείπει: έτ – μος, μακρ – νός, νόστ – μος, πρόθ – μος, άδ – ος, σκοτ – νός, υγι – νός, αντικρ – νύς, βραδ – νός, όμ – ος.

5. Να βάλετε τα ο, ω στις λέξεις: τελει – ν –, αληθιν – ς, αντιμετ – πίζ –, πρ – – δος, παραδ – σιακ – ς, θυμ – ν –, ζαλίζ – μαι, υπ – λ – γιστής, κινητ –.

6. Να βρείτε τα συνθετικά των παρακάτω σύνθετων λέξεων.

Σύνθετη λέξη	Α΄ συνθετικό	Β΄ συνθετικό
παυσίπονο		
τηλεόραση		
συλλαμβάνω		
ψηφοφόρος		
δυστυχία		
γεωγραφία		
μητρόπολη		
ανθυγιεινός		
χαρτοπαίκτης		
διώροφος		

7. Να μεταφέρετε τα παρακάτω ονοματικά σύνολα στην ίδια πτώση του άλλου αριθμού.

α. η πολλή προσπάθεια

β. του πολύ κόπου

γ. τον καλό άνθρωπο

δ. ο συνεπής μαθητής

ε. την μεγάλη είσοδο

στ. τα υγιεινά φαγητά

ζ. τη συνεχή φροντίδα

η. η ώριμη σκέψη

θ. των ανήλικων παιδιών

ι. οι δημοφιλείς ομάδες

8. Να συμπληρώσετε τις *παρακάτω* προτάσεις με τα ότι, μήπως, μην, να, αν.

α. Τον ενημέρωσε ο διευθυντής του...

β. Φοβήθηκε..

γ. Απορούσε με τη σιγουριά της...

δ. Δεν επιτρέπεται..

ε. Θεωρώ..

στ. Πιστεύω...

ζ. Αναρωτήθηκε...

η. Ανησύχησε...

θ. Ελπίζει..

9. απλά – απλώς, ιδιαίτερα – ιδιαιτέρως, ευχάριστα – ευχαρίστως, άμεσα – αμέσως: να χρησιμοποιήσετε τα παραπάνω ζευγάρια επιρρημάτων στις προτάσεις που ακολουθούν.

α. Ο Άρης είναι ένας .... έξυπνος μαθητής, αφού κατάφερε να βγει πρώτος στον μαθηματικό διαγωνισμό.

β. Είναι ανάγκη να πας .... στο σπίτι.

γ. Θα ήθελα .... να εκφράσω την ευγνωμοσύνη μου για τις υπηρεσίες που μου προσφέρατε όλο αυτό το διάστημα.

δ. Τον κάλεσε στο γραφείο του, για να του μιλήσει ....

ε. Περάσαμε πολύ .... την ημέρα της αποφοίτησής της.

στ. Εκφράστηκε ...., χωρίς πολυλογίες και περιττές κουβέντες.

ζ. Σας ευχαριστώ πολύ για την πρόσκληση. .... θα έρθω στο πάρτι.

η. Το θέμα που συζητήθηκε στο δημοτικό συμβούλιο με αφορούσε ....

10. Να αντικαταστήσετε τα ρήματα <u>κάνω</u> και <u>παίρνω</u> με άλλα αντίστοιχα (π.χ. κάνω φαγητό = μαγειρεύω).

- κάνω εργασία   - κάνω έξοδα

- κάνω δώρο   - παίρνω μέρος

- κάνω μάθημα   - παίρνω ευθύνη

- κάνω οικονομία   - κάνω στάση

- παίρνω τηλέφωνο   - κάνω περιουσία

- παίρνω χρήματα   - παίρνω υπαλλήλους

11. Να συμπληρώσετε το πρώτο μέρος της πρότασης, τοποθετώντας το κατάλληλο ρήμα.

α. ………………………… μήπως νυχτώσει και δεν προλάβουμε να πάμε.

β. ………………………… ότι το έκανε από ανάγκη.

γ. ……………………….. αν θα πας τελικά στη σχολική εκδρομή.

δ. ………………………… να ακούω να την κατηγορεί με αυτό τον τρόπο.

ε. ……………………… τι να κάνω τελικά.

στ. ………………………. πως ήταν δύσκολη αυτή η απόφαση.

ζ. ………………………….. μην τυχόν δεν τον προσλάμβαναν στη δουλειά.

12. Να μετατρέψετε τις λέξεις με έντονη γραφή σε αντίστοιχες προτάσεις με τις απαραίτητες αλλαγές, χωρίς να αλλοιωθεί η σημασία.

Παράδειγμα: **Η απόφαση** της δημάρχου να ολοκληρώσει το έργο ικανοποίησε τους πολίτες.

Η δήμαρχος **αποφάσισε να** ....

α. Το μεγάλο του όνειρο ήταν **ένα ταξίδι** στην Αμερική.

β. Πρόσεχε **τη συμπεριφορά σου**.

γ. Ο ασθενής επιθυμούσε **μια διαφορετική θεραπεία** από αυτήν που του υπέδειξε ο γιατρός.

δ. **Η αγωνία του** για τα αποτελέσματα ήταν μεγάλη.

ε. **Η αναμονή των επιβατών** στο αεροδρόμιο είχε ξεπεράσει τις δύο ώρες.

13. Να συνδέσετε τις προτάσεις με τα συνδετικά <u>αλλά</u>, <u>να</u>, <u>που</u>, <u>ή</u>, <u>και</u>, <u>όταν</u>, <u>γιατί</u>, <u>αν</u>, <u>για να</u>.

α. Υποσχέθηκε .... της πει την αλήθεια.

β. Πήγε να τον συναντήσει .... είχε ήδη φύγει.

γ. Συγκινούμαι .... πηγαίνω στον τόπο καταγωγής μου.

δ. Δεν ξέρω .... θα μπορέσεις να με διευκολύνεις στη δουλειά μου.

ε. Λυπάμαι πολύ .... δε θα πας τελικά στη γιορτή.

στ. Ήρθε .... τους ανακοινώσει την παραίτησή του.

ζ. Ζήτησε συγγνώμη .... αποχώρησε.

η. ...... θα μπεις μέσα .... θα φύγεις.

θ. Σήμερα δεν πήγε στο γραφείο .... ήταν άρρωστος.

14. Να συμπληρώσετε τις καταλήξεις των ρημάτων.

α. Αποφασίσατ..... τελικά να απέχετ.... από την ψηφοφορία;

β. Το σώμα μας πρέπει να ασκείτ........ καθημερινά.

γ. Πρέπει να ασκείτ....... καθημερινά το σώμα σας.

δ. Επικαλείτ.... τη βουλευτική του ασυλία, για να γλιτώσ.... την καταδίκη.

ε. Αμφιβάλλουμ.... αν μας λέτ.. την αλήθεια.

στ. Πότε παντρεύετ.... ο Γιώργος;

ζ. Απαγορεύετ..... το κάπνισμα.

η. Παραποίησ…. την αλήθεια, ώστε να απαλλαγ….. από τις κατηγορίες.

θ. Γιατί δεν απαντάτ….. όταν σας ρωτάν… κάτι;

ι. Κάθε πρωί πριν φύγει για τη δουλειά χτενίζετ…. και βάφετ…..

15. Να αντικαταστήσετε τις φράσεις με έντονα στοιχεία με μετοχές: π.χ. Τους μίλησε, <u>επειδή πίστευε πως θα τον άκουγαν</u>. Τους μίλησε <u>πιστεύοντας</u> πως θα τον άκουγαν.

α. **Αν γυρίζαμε** το χρόνο πίσω, θα αλλάζαμε πολλά.

β. **Είτε το θέλεις είτε όχι**, θα μας ακολουθήσεις.

γ. **Καθώς βαδίζαμε** στο μονοπάτι, κάναμε μία στάση για νερό.

δ. **Την ώρα που επέστρεφε** στο σπίτι, κάποιος τη χτύπησε με το ποδήλατο.

ε. **Καθώς ανέβαινε** τα σκαλιά, παραπάτησε και έπεσε.

στ. **Καθώς ξημέρωνε** Χριστούγεννα, άρχισε να χιονίζει.

ζ. **Την ώρα που ερχόταν** στο σχολείο, συνάντησε έναν παλιό του συμμαθητή.

η. **Ενώ έβλεπε** τη συμφορά να πλησιάζει, δε μιλούσε.

θ. **Καθώς γυρίζαμε** από τη βόλτα, συναντήσαμε έναν γνωστό.

16. Να συμπληρωθεί ο κατάλληλος τύπος του <u>πολύς</u>, <u>πολλή</u>, <u>πολύ</u> στα παρακάτω.

α. Σήμερα στην τάξη είχε .... φασαρία.

β. .... άνθρωποι αναγκάζονται να δουλεύουν σκληρά, για να μπορέσουν να καλύψουν τις ανάγκες τους.

γ. Μου έβαλε τόσο .... φαγητό, που δε μπόρεσα να το φάω όλο.

δ. Οι .... βροχές που έπεσαν φέτος κατέστρεψαν τις σοδειές των γεωργών.

ε. Η συμπεριφορά .... μαθητών απέναντι στους δασκάλους είναι απαράδεκτη.

στ. .... λόγος γίνεται σήμερα για τις αρνητικές συνέπειες των μέσων κοινωνικής δικτύωσης.

ζ. Είχε .... προβλήματα στην προσωπική της ζωή.

η. Τα .... λόγια είναι φτώχεια, λέει ο λαός μας.

θ. Από την .... δουλειά έπαθε υπερκόπωση.

17. Να γράψετε προτάσεις με τις παρακάτω ομώνυμες λέξεις, ώστε να φανεί η διαφορά στη σημασία τους.

Κλείνω – κλίνω, κλήμα – κλίμα, ψηλός – ψιλός, φακοί – φακή, υιός – ιός, όμως – ώμος.

18. Να σχηματίσετε το θηλυκό γένος των *παρακάτω ουσιαστικών*.

ο γιατρός   ο βουλευτής

ο δικηγόρος   ο συνεργάτης

ο επιμελητής   ο στρατιώτης

ο δικαστής   ο καθηγητής

19. Να μετατρέψετε τις προτάσεις από ενεργητική σε παθητική φωνή: π.χ. Ο κομμωτής χτένισε τη νύφη. Η νύφη χτενίστηκε από τον κομμωτή.

α. Ο δάσκαλος αδίκησε το μαθητή με το βαθμό που του έβαλε στο διαγώνισμα.

β. Οι διαδηλωτές έφτιαξαν μια ανθρώπινη αλυσίδα για την προστασία του βιότοπου.

γ. Το σπίτι μας το θερμαίνουμε με μία ξυλόσομπα.

δ. Ο πατέρας τούς εγκατέλειψε στην τρυφερή ηλικία των τριών χρόνων.

ε. Οι μαθητές έγραψαν μια επιστολή στην Υπουργό Παιδείας.

στ. Οι εμπρηστές έκαψαν το καλοκαίρι μία τεράστια δασική έκταση.

ζ. Μία σημαντική μερίδα πολιτών υποστηρίζει το δήμαρχο στις επερχόμενες εκλογές.

η. Η μητέρα έπλυνε όλα τα χαλιά του σπιτιού.

θ. Ο ισχυρός άνεμος ξερίζωσε όλα τα δέντρα.

20. Να συμπληρώσετε με επιρρηματικούς προσδιορισμούς (συχνά, ωραία, πολύ, βέβαια, καλά, πίσω, κλπ.) τις παρακάτω προτάσεις.

α. Με το Γιάννη βλεπόμαστε ....

β. Όλα κύλησαν .... κατά τη διάρκεια της βραδιάς.

γ. Τριγυρνούσε .... στα στενά δρομάκια της πόλης.

δ. Αν διάβαζες ...., δε θα έπαιρνες τέτοιον βαθμό στο μάθημα.

ε. Τον περίμενε .... να κατεβεί από το τρένο.

στ. Μη μιλάτε .... όταν συζητάτε.

ζ. Και .... θα έρθουμε στην εκδήλωση της πόλης.

η. Περάσαμε πολύ .... στο ταξίδι μας στη Ρώμη.

θ. Κολυμπούσαμε για πολλή ώρα, όταν .... είδαμε ένα δελφίνι στη θάλασσα.

ι. Ο δάσκαλος μας μίλησε .... παρόλο που κάναμε φασαρία.

21. Να βάλετε τα σημεία στίξης (τελεία, κόμμα, θαυμαστικό, ερωτηματικό, άνω κάτω τελεία, εισαγωγικά) στα παρακάτω.

α. Μα γιατί έφυγες τόσο βιαστικά

β. Αν και ήταν διαβασμένος προτίμησε να μη γράψει το τεστ

γ. Ο διάσημος τραγουδιστής είπε στους θαυμαστές του Ελπίζω να είστε και στην επόμενη συναυλία μαζί μου

δ. Αγόρασαν πολλά προϊόντα από τη λαϊκή αγορά όπως μήλα αχλάδια μανταρίνια πατάτες και καρότα

ε. Να φύγεις αμέσως από εδώ του είπε θυμωμένα

22. Να συμπληρώσετε τους παρακάτω υποθετικούς λόγους.

α. Αν έφτανε εγκαίρως στο σπίτι,..

β. Αν το ξανακάνεις,...

γ. Θα μπορούσε να αποφασίσει, αν...

δ. Αν ξυπνούσε,...

ε. Ίσως να προλάβαινε, αν..

23. Να αντικαταστήσετε τις ονοματικές προτάσεις με το κατάλληλο ονοματικό σύνολο και κάντε όποιες αλλαγές θέλετε.

π.χ.: Δε μου είναι ευχάριστο **να τον υποδέχομαι** / Δε μου είναι ευχάριστη **η υποδοχή του**.

α. Δεν εμπιστεύεται εύκολα τους ανθρώπους, γιατί φοβάται **μήπως τον απορρίψουν**.

β. Αποφάσισε **να ταξιδέψει** μόνος του.

γ. Έδειχνε **να μην την εμπιστεύεται** καθόλου.

δ. Κατανοώ **πως προσπαθείς πολύ** να το πετύχεις.

ε. Δεν ξέρω **αν συζήτησαν** κάτι.

24. Να γράψετε τις σύνθετες λέξεις που προκύπτουν από τα παρακάτω.

άγριος + λουλούδι =

γλυκός + πικρός =

κοντός + χοντρός =

γη + γράφω =

καλός + καρδιά =

σπίτι + νοικοκυρά =

αλάτι + πιπέρι =

άνεμος + μύλος =

δόντι + γιατρός =

ανεβαίνω + κατεβαίνω =

25. Να συντάξετε τις παρακάτω λέξεις, ώστε να προκύψει μία σωστή πρόταση με τις απαραίτητες αλλαγές και προσθήκες.

α. Η μόδα (συνδέομαι, με, τάση, εποχή)

β. Η οικολογική συνείδηση (προϋποθέτω, άνθρωποι, δραστηριοποίηση)

γ. Ο πόλεμος (προκαλούμαι, άνθρωποι, από, τάση, επεκτατισμός, για)

δ. Όλα αυτά (μυαλό, υπάρχουν, σε, άνθρωποι)

ε. Η ρατσιστική αντιμετώπιση (οφείλομαι, προκαταλήψεις, κοινωνία, σε)

στ. Η κοινωνία (ευθύνομαι, κρούσματα, εγκληματικότητα, για)

ζ. Πρέπει (όλοι, καταλαβαίνω, παιδεία, ζωή, τη, σημασία)

η. Η (δίνομαι, λύση, πρωτοβουλία, ατομικός, με)

26. <u>Ποιο</u>, <u>πιο</u>: να βάλετε τη σωστή λέξη στα κενά.

α. ……………….. είναι το ………….. σωστό για σένα;

β. Η ……………. μεγάλη μου αγάπη είναι τα Μαθηματικά.

γ. Με ………………… κριτήριο επέλεξες αυτό το επάγγελμα;

δ. Ο Κώστας είναι ……………. ψηλός από σένα.

ε. Από …………. μονοπάτι να πάω; Από το βουνό είναι ίσως …………. κοντά.

στ. Περάσαμε ……….. ωραία το φετινό καλοκαίρι.

27. Βάλτε τα ρήματα στην προστακτική και σχηματίστε προτάσεις.

π.χ. (Άννα) (παίρνω) τα ρούχα από το σαλόνι.

Άννα, **πάρε** τα ρούχα από το σαλόνι!

α. (κύριος Δημητρίου) (έρχομαι) στο γραφείο μου σας παρακαλώ!

β. (Πέτρος) (πηγαίνω) να μου φέρεις ένα πακέτο χαρτομάντηλα απ' το περίπτερο!

γ. (συμμορφώνομαι) σας παρακαλώ με τους κανόνες!

δ. (Στέλλα) (αποφασίζω) τι θα κάνεις από δω και στο εξής!

ε. (κυρίες κύριοι) (καλωσορίζω) στη γιορτή του σχολείου μας!

στ. (κύριος Υπουργός) (παίρνω μέτρα) επιτέλους για τους άστεγους της πόλης μας!

ζ. (κύριος διευθυντής) (βάζω) την υπογραφή σας εδώ παρακαλώ!

28. Να βάλετε τα ρήματα στο σωστό χρόνο.

α. Καθώς ………………. από την αγορά, …………………. έναν παλιό μας φίλο (γυρίζω, συναντώ).

β. Του χρόνου ………………. από αυτή την πόλη και ……………….. σε άλλο διαμέρισμα (φεύγω, μετακομίζω).

γ. Κάθε καλοκαίρι ………………. στα βαθιά, αλλά φέτος δεν ………………. καθόλου (κολυμπάω).

δ. ………………… ήδη στο σπίτι μου, όταν …………………. ένας τρομακτικός θόρυβος στην πολυκατοικία (επιστρέφω, ακούγομαι).

ε. Το Σάββατο ο Ανδρέας ………………. όλη μέρα το σπίτι του (καθαρίζω).

στ. Την ώρα που .... ένας κλέφτης .... στο σπίτι (κοιμάμαι, μπαίνω).

ζ. Παλαιότερα οι άνθρωποι .... με προξενιό, ενώ τώρα .... από έρωτα (παντρεύομαι).

29. Να βάλετε τα επίθετα στη σωστή πτώση.

α. Συνήθως φοράω .... και .... φούστες (μακρύς, φαρδύς)

β. Όσοι ασχολούνται με την προστασία του περιβάλλοντος είναι πολύ .... άνθρωποι (ενδιαφέρων).

γ. Το .... ωράριο κατά τη διάρκεια των γιορτών είναι πολύ .... για τους εργαζόμενους (συνεχής, εξαντλητικός).

δ. Πήγα στα μαγαζιά και αγόρασα ένα .... πουκάμισο και μία .... μπλούζα (θαλασσής, σκούρος).

ε. Αυτή η μαθήτρια είναι πολύ .... (τεμπέλης).

στ. Το νερά ήταν τόσο ...., με αποτέλεσμα να μη μπορούμε να κολυμπήσουμε (ρηχός).

ζ. Είστε πολύ .... μας έλεγε κάθε φορά η μητέρα μας (υπναράς).

η. Το αεροδρόμιο Ελευθέριος Βενιζέλος στην Αθήνα είναι .... (διεθνής).

30. Να σχηματίσετε την παθητική μετοχή των παρακάτω ρημάτων: π.χ. μετριέμαι = μετρημένος.

- αγαπιέμαι   - παραπονιέμαι

- γελιέμαι   - δυστυχώ

- κουράζομαι   - ανάβομαι

- ντύνομαι   - κρατιέμαι

- πλένομαι   - ξεχνιέμαι

- βάφομαι   - περιπλανιέμαι

31. Να σχηματίσετε τον Απλό Μέλλοντα των παρακάτω ρημάτων στην παθητική φωνή: π.χ. στενοχωριέμαι = θα στενοχωρηθώ.

- δικαιολογούμαι   - στερούμαι

- απολογούμαι   - κινούμαι

- διηγούμαι   - αρκούμαι

- αδικούμαι   - οδηγούμαι

- παρηγοριέμαι   - ωφελούμαι

- απειλούμαι   - πληροφορούμαι

32. Να συμπληρώσετε τα κενά με την κατάλληλη λέξη – παράγωγο του ρήματος βάλλω, σύνθετου με τις προθέσεις <u>ανά-</u>, <u>εν-</u>, <u>μετά-</u>, <u>παρά-</u>, <u>προ-</u>, <u>κατά-</u>, <u>συν-</u>, <u>υπό-</u>

α. Αποκλείστηκε από τους αγώνες, γιατί έπαιρνε ....

β. Δεν έδωσε καμιά σημασία στις κατηγορίες και στις .... σε βάρος του.

γ. Ο Χριστός καταδίκασε την υποκρισία στην .... του Τελώνου και του Φαρισαίου.

δ. Είναι πολύ σημαντική η .... της οικογένειας στην ανατροφή του παιδιού.

ε. Χρειάστηκε να δώσει μία .... για να αγοράσει το αυτοκίνητο.

στ. Ο ραδιοφωνικός σταθμός είχε πολύ μεγάλη ....

ζ. Ο στρατιώτης έκανε .... και έφυγε.

η. Αύριο λήγει η προθεσμία .... των αιτήσεων.

33. Να βρείτε το α´ συνθετικό των παρακάτω λέξεων και να γράψετε μία νέα δική σας σύνθετη.

χειροκίνητος ....

λεξικογράφος ....

πενθήμερος ....

καλλιτέχνης ....

δισέγγονο ....

γεωτρύπανο ....

μονοδιάστατος ....

ανεμοδείκτης ....

34. Να συμπληρώσετε σωστά το συγκριτικό βαθμό του επιθέτου στα παρακάτω (π.χ. μεγαλύτερος, καλύτερος, προτιμότερος κλπ.).

α. Φέτος επισκέφθηκαν τη χώρα μας .... (πολύς) τουρίστες από πέρυσι.

β. Η .... (μικρός) μέρα του χρόνου είναι η $21^η$ Δεκεμβρίου.

γ. Είναι .... (προτιμώ) να πάμε διακοπές σε νησί, παρά σε βουνό.

δ. Τα .... (καλός) γλυκά είναι τα σπιτικά.

ε. Θεωρώ πως κάποια επαγγέλματα είναι .... (άνω) σε σχέση με κάποια άλλα.

στ. Ο .... (κάτω) μισθός που παίρνει ο υπάλληλος είναι 700 Ευρώ.

ζ. Τα πλαστικά ανήκουν στο .... (κακός) είδος σκουπιδιών.

η. Το .... (γρήγορος) μεταφορικό μέσο είναι το αεροπλάνο.

θ. Ο Γιάννης είναι .... (ψηλός) από τον Κώστα.

35. Να βάλετε τα ρήματα στο σωστό τύπο.

α. Είμαι σίγουρος ότι θα .... (ευχαριστιέμαι) τις διακοπές σας.

β. .... (παραιτούμαι) από τη θέση σου και ψάξε άλλη δουλειά.

γ. Μόλις .... (πληροφορούμαι) τα δυσάρεστα νέα, κατέρρευσε.

δ. Να .... (ασχολούμαι) με αυτά που σας αφορούν μόνο.

ε. Μην .... (ενοχλούμαι) καθόλου από την παρουσία μας.

36. Να συμπληρώσετε τις προτάσεις με επίθετο ή επίρρημα, αναλόγως τι ταιριάζει σε κάθε περίπτωση.

α. Της συμπεριφέρθηκε πολύ ………………….. (ευγενικός).

β. Ήταν πολύ …………….. (σωστός) η συμπεριφορά του.

γ. Περάσαμε …………….. (υπέροχος) στο ταξίδι μας στη Γαλλία.

δ. Μπήκε στο πλοίο …………… (λαθραίος) και ταξίδεψε ………….. (ανενόχλητος) μέχρι τον προορισμό του.

ε. Τα νερά στη συγκεκριμένη παραλία είναι πολύ …………… (βαθύς) και ………….. (κρύος).

στ. Ένιωθε …………. (άσχημος) που της απέκρυψε την αλήθεια.

ζ. Πρέπει να προσπαθήσεις ……………… (πολύς) για να τα καταφέρεις.

η. Είναι …………. (τέλειος) αφελής να πιστεύει σε τέτοιες ανακρίβειες.

θ. Είναι …………….. (διαρκής) αγχωμένος με τη δουλειά του, με αποτέλεσμα να αρρωσταίνει ………….. (συνεχής).

Βιβλιογραφία

- Αλεξανδράκης Γ. – Καραγιάννης Β. – Ραπτόπουλος Κ. 2020. *Η γραμματική του δημοτικού σχολείου. Δ΄ και Στ΄ Δημοτικού*. Αθήνα: Εκδόσεις Πατάκη

- Αρβανιτάκης Κ. – Αρβανιτάκη Φ. 2004. *Επικοινωνήστε Ελληνικά 2*. Αθήνα: Εκδόσεις Δέλτος

- Αρβανιτάκης Κ. – Αρβανιτάκη Φ. 2008. *Επικοινωνήστε Ελληνικά 3*. Αθήνα: Εκδόσεις Δέλτος

- Αντωνίου Μ. – Ασταρά Β. – Δετσούδη Ζ. 2018. *Τα λέμε…… Ελληνικά! Εγχειρίδιο για την ανάπτυξη του προφορικού λόγου*. Αθήνα: Εκδόσεις Γρηγόρη

- Νεοελληνική Γλώσσα για το Γυμνάσιο 2004. Γλωσσικές Ασκήσεις. Οργανισμός Εκδόσεων Διδακτικών Βιβλίων, Αθήνα: Διόφαντος

- Νεοελληνική Γλώσσα Β΄ Γυμνασίου. Οργανισμός Εκδόσεων Διδακτικών Βιβλίων. Αθήνα: Διόφαντος

- Κείμενα Νεοελληνικής Λογοτεχνίας Β΄ Γυμνασίου. Οργανισμός Εκδόσεων Διδακτικών Βιβλίων. Αθήνα: Διόφαντος

- Σμυρνιάδου Δ. 2000. *Η Έκθεση Έκφραση Σήμερα*. Αθήνα: Gutenberg.

- Abdelilah – Bauer B. 2012. *Zweisprachig aufwachsen: Herausforderung und Chance für Kinder, Eltern und Erzieher*. München: C. H. Beck (2. Auflage)

- Brehmer B. – Mehlhorn G. 2018. *Herkunftssprachen. Von der Sprachtheorie zur Unterrichtspraxis*. Tübingen: Narr Francke Attempto

- Wörfel T. – Küppers A. – Schröder C. 2020. Herkunftssprachlicher Unterricht. In: V. I. Gogolin et al. (Hrsg.), *Handbuch Mehrsprachigkeit und Bildung*. Wiesbaden: Springer, 207 –212